WIDOK Z MOJEGO OKNA

PRZEPISY NIE TYLKO NA ŻYCIE

Autor: Małgorzata Kalicińska
Tytuł: Widok z mojego okna. Przepisy nie tylko na życie
Zdjęcie Małgorzaty Kalicińskiej: Włodzimierz Podruczny
Projekt graficzny: Kalina Możdżyńska
Projekt okładki i skład: Elipsa Sp. z o.o.

Redakcja: Katarzyna Tez
Korekta: Marcjanna Bulik

ISBN 978-83-7640-171-3

Elipsa Sp. z o.o.
ul. Podleśna 37, 01-673 Warszawa
tel./faks (22) 833 38 22

Printed in EU

Małgorzata Kalicińska

WIDOK Z MOJEGO OKNA

PRZEPISY NIE TYLKO NA ŻYCIE

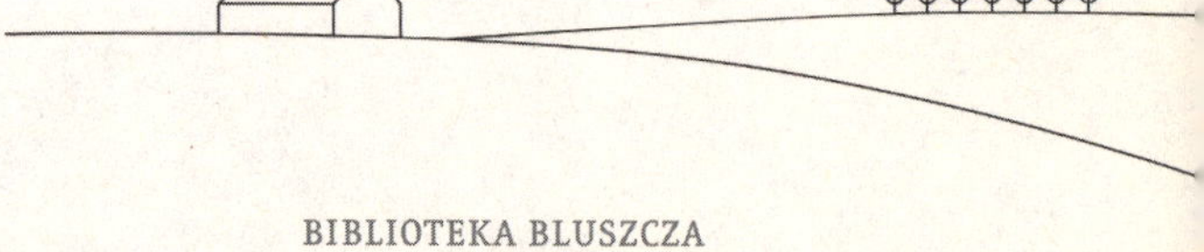

BIBLIOTEKA BLUSZCZA

Spis treści

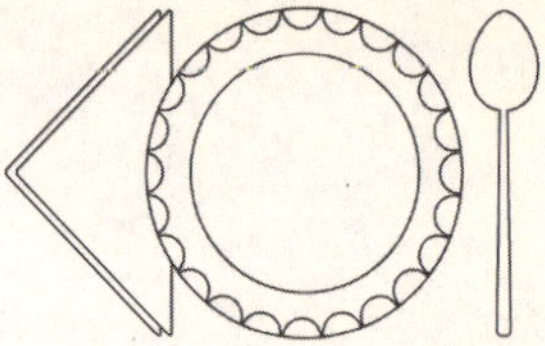

Przepisy

„Widok z okna" – tak sobie myślę, że to dobra nazwa dla tego, co robię.

Gapię się czasem bardziej, czasem mniej wnikliwie, i notuję to, o czym myślę.

Czy to są felietony?

Mam w sobie wystarczająco dużo pokory, żeby wiedzieć, iż sporo mi brakuje warsztatowo, więc nazywam to sobie felkami. Taki „wyrób felietonopodobny", coś jak wypracowanie na temat: *Widok z mojego okna*, przy czym okno traktuję szerzej niż tylko to kuchenne. Czasem to okno pociągu, a czasem okno bardzo umowne – spojrzenie na życie, refleksja.

Wiem, czasem może za dużo dydaktyki?

Mam w sobie taki kwoczyzm (jakaś miła czytelniczka nazwała to „mamusizmem") – doradzam, jakbym dawała oprócz przepisu na zupę – przepis na życie.

Jestem po pięćdziesiątce, to może już… mogę?

Czytanie – czynność życiowa

Mój znajomy – książę z malijskiego rodu, mówi mi, że odłam jego rodu to ludzie, którzy nie stworzyli alfabetu pisanego. Znaków, ideogramów – niczego. Przekazywali sobie od zawsze wszystko z usta do ust.

Chyba jednak lubię i doceniam literki. Szczególnie gdy weźmiemy pod uwagę skłonność człowieka do ubarwiania, interpretacji – prosty przekaz obrasta i zazwyczaj bywa z nim jak z Radiem Erewań. Pamiętacie? Podało ono, że we Paryżu, wieczorami w okolicach Moulin Rouge rozdają rowery. Okazało się jednak po sprawdzeniu, że nie w Paryżu, a w Moskwie, nie wieczorem, a za dnia, nie na Moulin Rouge, a koło Arbatu, nie rozdają, a kradną, i nie rowery, a samochody zagranicznym turystom.

Ale nawet posiadając literki i alfabet, potrafimy ubarwiać i konfabulować, dodawać od siebie i interpretować, szczególnie my – pisarze.

Gdyby nie, to Prus nie napisałby „Faraona", nie będąc w Egipcie; nie mówiąc już o literaturze science fiction czy historycznej, o romansach nie wspominając…

Mam jakieś jedenaście lat, jest wieczór, leżę w łóżku. Wchodzi mama w szlafroku i oznajmia, że już dość, że gasi światło.

– Mamo, jeszcze jeden przepis!

To jedna z ulubionych anegdot mamy o mnie. Prawdziwa. Mama polonistka była zadowolona, że w ogóle czytam, a to, że ukochałam sobie wówczas książkę „Kuchnia Polska", to doprawdy szczegół. Czemu tak mnie wciągnęły kulinaria? Nie wiem i nie analizuję tego – po prostu tak!

Ja za to lubię doprawdy ten podstęp, jakim posługiwały się nasze (bo nie tylko moja) mamy, żeby nas – młodziaków w dzieciństwie pchnąć jednak w królestwo szeleszczących kartek, w kraj książkowy, z którego jak z czarodziejskiego labiryntu już nikt nigdy nie wychodzi. Otóż gdy nie byłam jeszcze zbyt chętna do samodzielnego czytania, a wyrastałam z książeczek opatrzonych hasłem „Poczytaj mi mamo" (pamiętacie?), moja podstępna mama zgodziła się, o dziwo, na przeczytanie mi na głos świetnej książki!

– Zobaczysz, Gosieńko, przygody i przygody! Wspaniała jest – siadaj!

Mama otworzyła wielką i pięknie ilustrowaną „W pustyni i w puszczy" i zaczęła. W chwili najwyższego napięcia – zamknęła ją i westchnęła, że już późno. Zaznaczam, że telewizji w tamtych czasach – nie oglądało się, dzieckiem będąc, non stop i na każde zawołanie. A już po „Dzienniku"? Szlus, amen! Koniec! Jest po dobranocce, „jak jeszcze nie chce ci się spać – możesz poczytać książkę".

– Ale... mamooo!

– Jutro kochanie, dzisiaj zobacz – jak późno już! Spać!

Następnego dnia wieczorem miała jednak stos klasówek do poprawiania, a ja z wypiekami na buzi – co tam dalej z Nel? Ze Stasiem?! Trudno, wzięłam książkę do łóżka i... poooooszło!

Tak mam (i nie tylko ja) do dzisiaj – lubię czytać.

Gdy dzieci były małe (moje własne już dzieci), miałam chyba dość dobrze zorganizowany czas, bo gdy spały po południu albo się bawiły, pralka kręciła pranie, obiad był ugotowany, ja zasiadałam sobie do czytania. To był okres fantastyki – ówczesna fascynacja mojego męża. Wniósł w wianie do naszego wspólnego domu wiele tomów literatury SF, która ogromnie mi się spodobała, i którą połknęłam w całości, prócz dwóch tomów – „Czasu nieutraconego” i „Szpitala przemienienia”. Ach! Światy Ursuli Le Guin! Braci Strugackich, Bułyczowa, Dicka i Aldissa! Poza tym Ziemkiewicz, Parowski, a już pan Lem! Ho, ho! Się działo!

Matka – polonistka (jak wspomniałam) wyrywała sobie włosy z głowy. „Dziecko, CO ty czytasz”?! Dla mojej mamci litertura SF była czymś między bajdami a tanim kryminałem. Dałam jej Lema. Zaskoczyła! Załapała! „Gosiu, ja...ja nie miałam pojęcia! Co za pisarz! Co za język, masz coś jeszcze?”.

Kiedy mój synek był w wieku, w którym powinien był zacząć samodzielne czytanie, postanowiłam nauczyć go literek. Kupiłam klocki z alfabetem i zaczęłam zagadki po naukach – jaką głoskę, jaka literka oznacza.

– Patrz, Stasiu, co tu jest napisane? P-i-e-s.

Staśka nie bawiła ta zabawa jakoś wcale. Patrzył okiem złym. Wiadomo – wysiłek, a kto to lubi?

Wtedy czując już zbliżający się totalny opór, ułożyłam ostatnią zagadkę, obiecując, że to na dziś koniec.

– D-u-p-a – przeczytał mój syn i zamarł. Miał początkowo okrągłe oczy ze zdziwienia i kąciki ust mu drżały z tajonego chichotu. Obśmialiśmy się bardzo i... na tym się nie skończyło. Nauczył się literek, pokochał czytanie... WIEM! Niepedagogiczne to może było, ale jakże skuteczne!

Gdy mój syn, młodzian, zajął się tą samą lekturą, która mnie tak uwiodła, moja mama czytała już bez wstrętu polecane jej przez wnuka książki SF. Wtedy ja stanęłam zdumiona:

Mamooooo? Ty czytasz „Pianolę”?!

– A, co? Wiesz, to dobra rzecz! No i mam wspólne tematy z wnukiem! – dodała z lisim uśmiechem.

Mądra! W czasie gdy mój syn przechodził (na szczęście lekko) okres pryszczy i negacji, babcia złapała z nim świetny kontakt za pomocą owego konia trojańskiego, czyli wspólnie czytanych książek. Stasiek do dziś jest „miękki" na wspomnienie o niej.

Mogę więc tylko podziękować mojej nieżyjącej już mamie polonistce, i zarazem bibliotekarce w Liceum Mickiewicza w Warszawie, za umiłowanie książek.

Z córką za to było ciut inaczej. Gdy Basia domagała się czytania na głos, robiłam to albo włączałam kasety z bajkami (w znakomitym wykonaniu polskich aktorów, np. „Ośla skórka" czytana przez Annę Seniuk). Bywało jednak, że czytając dziecku znaną mi już na wylot książeczkę, ziewałam i zasypiałam z... nudów, więc żeby tego uniknąć, wymawiałam się i wykręcałam, jak kiepski uczeń od odpowiedzi.

Któregoś dnia Baśka, zła na mnie za moje matczyne lenistwo, weszła do pokoju Staśka i zażądała:

– Stasiek, naucz mnie literek, bo mamie się nie chce mi czytać!

I Stasiek wyjął owe klocki i... No jak myślicie? Oczywiście, po nauczeniu Młodej liter wykonał brawurowo numer z dupą. Usłyszałam rechot i pianie z pokoju dzieci i wiedziałam, że i Basia „załapała" czytanie.

Wakacje zawsze spędzaliśmy z książkami. W ośrodkach wczasowych nie było w pokojach telewizorów, za to zawsze były nocne lampki, zabierane przez męża, i fura książek, kupowana pierwszego dnia wakacji, tuż po przyjeździe – w miejscowej księgarni. Każdy sobie coś wybierał.

Ja średnio usportowiona jednostka nie chodziłam z nimi na boiska trzepać w tenisa, w siatkę – ja na werandzie zasiadałam z książkami. Dawno już wyrosłam z prozy SF, ale zawsze karmiłam się i nadal karmię tym, co lubię, co mnie porusza, co pokazuje mi nowe światy.

Ostatnio słychać zewsząd głosy niepokoju o papierową książkę. Nadeszła era audiobooków. Znakomite głosy znakomicie czytają. Ba! Interpretują pięknie książki na płytach. To dla tych, którzy mają podzielną uwagę i np. zajęte oczy, dłonie. Można sobie robić pedicure albo prowadzić samochód i „czytać" uszami.

Pewna korporacja tirowców poprosiła swoją dyrekcję o skompletowanie biblioteczki audiobooków. Mają dość słuchania bum-bum, łups-łups albo politycznych bojów w trasie. Wolą słuchać dobrych książek. *Voilà*!

Nadeszła też era czytników elektronicznych do E-booków. W Polsce na razie drogie i mało rozpowszechnione. Czy to jednak oznacza zmierzch papierowej książki? „Pożywiom, uwidim" – jak mawiają za wschodnią granicą. Moim zdaniem – nie. Dla wielu osób papierowa postać literatury jest i pozostanie ulubiona. Można wrócić kilka stron wcześniej, doczytać raz jeszcze, można czynić ołówkiem notatki, zaginać rożki, zakreślać. (Choć moja mama... wiecie – bibliotekarka: „nu, nu – mazać nie wolno").

To, czego mogę się obawiać jako pisarka, to zawierucha z E-bookami, wolnym rynkiem i związanym z tym prawem autorskim, o którym mówi się że „musi być zmienione, by chronić autora i jego dzieło". No, ale jak? Na razie nikt nie wie, a rosnące piractwo zagraża nam jawnie. Ale to temat na zupełnie inny felieton.

Na razie jest lato. Nareszcie sterta książek zbieranych w roku doczekała się czytania, więc się rozkoszuję! Na pierwszy ogień Mark Greenside „Nie będę Francuzem (choćbym nie wiem jak się starał)". Tak, tak! Pobrzmiewa Peterem Mayle'em, Frances Mayes, może nawet Whartonem, ale jak to jest napisane! Rozkoszuję się tym na werandzie! Zaśmiewam się i czytam lubemu na głos fragmenty. On też się śmieje, by w końcu... zabrać mi Greenside'a! Teraz on czyta mi na głos kawałki.

Później chłoniemy inne różne, swoje lektury – co ciekawsze fragmenty czytając sobie nawzajem. I tak jest dobrze! Uwielbiam te chwile.

Kulinarnie, oddając się lekturze:

(Sądzę, że wiele osób lubi sobie chrupać podczas czytania, czego nie lubią nasze książki, zdobne później w tłuste plamy i okruchy).

Zamiast ciasta, paluszków, precelków, szprotek z puszki czy pierogów z wczoraj – jarzyny! Nie odkryję tu kulinarnej Ameryki, ale zaproponuję, że zanim zasiądziemy do czytania – przygotujmy sobie talerz pokrojonych owoców, warzyw (marchewka, płatki buraka, kalarepka, seler naciowy, pomidor malinowy pokrojony w ćwiartki i małosolniaczek). Zwłaszcza do książek, w których jedzenie jest obecne.

Jest szansa, że nie utyjemy i nie zaświnimy kartek zanadto, jeśli do jedzenia jednak weźmiemy widelczyk.

Miłej lektury!

Wielki Głód! A ja nie mam obiadu...

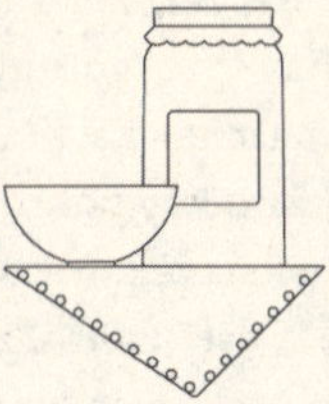

Składniki:
- Cebula
- Czosnek
- Mięso do wyboru lub ryba
- Warzywa
- Sól
- Sos sojowy albo ostrygowy albo... maggi
- Makaron
- Ser

Bywa. Wpada do domu taka Głodna Litwa i się drze od progu, że głodni.

Nastawiaj natychmiast gar wody – bo w szafce zapewne pałęta się jakiś makaron.

Na głębokiej patelni już rozlej olej i zacznij jak Makłowicz siekać grubo cebulę, a i czosnek nie zawadzi – zawsze niechaj będzie w lodówce... I teraz spokojniej już kombinuj – masz jakieś mięso? Obojętnie jakie. Da się rozmrozić kawałek w mikrofali? Ryba? Zamrożone krewetki? (Przelej je wrzątkiem z dodatkiem octu – zniknie lodówkowy zapach). Kurze piersi?

Rozmroź i posiekaj najdrobniej jak się da w paseczki. I na patelnię.

Nie masz NIC? To otwórz puszkę z tuńczykiem z sosie własnym, duże kawałki – trzymaj zawsze dyżurną... I wysypuj na sam koniec – tuńczyk z puszki już jest gotowy.

Zobacz, co masz z warzyw – jakaś połówka papryki? Pomidor, może seler naciowy? Nie? To marchew – naucz się ją krajać w julienne – najpierw plasterki cieniutkie, zatem w paseczki. Kawałeczek pekińskiej kapusty został z przedwczoraj? OK. Na patelnię! Daj ognia! Smaż, aż to puści soki i wrzuć makaron do wrzątku. Chlapnij na patelnię sos sojowy zamiast soli albo ostrygowy, albo… maggi. Szklankę piwa, wina… Nie ma? Wody!

Gdy makaron jest już półtwardy (jeszcze nie al dente) cedzakiem go wyjmuj i wrzucaj na patelnię – dojrzeje razem z tym, co tam się dusi.

Dla zszokowania zgłodnialców posyp czymś – serem? Mozarella, żółtym śniadaniowym (pokrój w paseczki), a może jakaś resztka parmezanu w pudełeczku się pałęta po szafce? Nie? No to choć zielskiem. Nie masz?! OK. Następnym razem pamiętaj – zrób sobie do zamrażalnika!

Droga Marilyn!

Napisałam ten tekst, bo chociaż mam ogrom uznania dla pracy kobiety w domu (sama byłam przez wiele lat Kobietą Domową), to zauważam pewne niebezpieczeństwo w tym, że pozostawanie w tym stanie z wyboru zbyt długo pociągnąć może (nie musi, ale może) niebezpieczeństwo bycia uzależnioną od męża. Można się Bóg-wie jak kochać i ubóstwiać, i podzielić właśnie tak: ty zarabiasz, ja jestem Kobietą Domową, ale... życie bywa różne.

Bardzo pochwalam bycie z dzieckiem, karmienie piersią i wychowywanie zamiast żłobka, ale zaraz po tym okresie, gdy już zsocjalizujemy bachorka w przedszkolu – poszukajmy pracy. Choć na pół etatu – żeby mieć w ręku cokolwiek własnego. Takie czasy drogie moje – żeby czuć własną wartość, trzeba mieć swoje konto i własne pieniądze, a nade wszystko oszczędzać na stare lata – na jakiejś lokacie emerytalnej czy polisie. Życie jest zadziwiająco krótkie! Dopiero co biegałam po podwórku w podkolanówkach, a dzisiaj rozmawiam z moim ukochanym – o wnukach i o naszych planach na starość.

Jestem po (ładnym i bez wojny) rozstaniu z pierwszym mężem. To ładne rozstanie i zachowanie pewnej przyjaźni jest możliwie właśnie dlatego, że mamy własne pieniądze i nie toczymy wojny o majątek, nie wydzieramy sobie łyżeczek, domu, książek etc. Nie patrzyłam na niego przez pryzmat odejścia „bankomatu”.

Nie wisimy na sobie finansowo, bo mamy pracę, swoje konta.

Bycie kobietą niezależną finansowo – to właściwe pojęcie rozsądku, mądrości życiowej i... luksusu!

DOWIEDZIAŁAM się ostatnio o dyskusji, jaka rozgorzała w pewnym towarzystwie mieszanym – młodzi byli i ci dojrzalsi. Młodzi, jak to młodzi, rzucili tezę, że miłość jest ważniejsza od pieniędzy.

Starszy zaoponował jako *advocatus diaboli*.

– Ejże! Jak można to porównywać? Najpiękniejsza miłość bez pieniędzy zwiędnie.

Został zakrzyczany. Trwał przy swoim:

– Kochając się bardzo, trzeba jednak coś jeść, gdzieś mieszkać, za coś się ubierać, a to zapewnia pieniądz – czyli praca. Stawianie w kontrze miłości i kasy to chwyt.... „kurą w płot".

– Ale to materializm! Nawet jak jest cienko z kasą, miłość jest ważniejsza!

– To piękna teza – odpowiedział. – Ale najpiękniejsza miłość będzie miała wielki problem, żeby przetrwać, gdy nie ma domu, jedzenia i ciepła. Nie mówmy o ekstremach typu miłość w obozach, bo to chwyt demagogiczny. Była miłość w ekstremalnych warunkach, ale mówmy o zwykłym życiu! Pieniądze zapewniają byt. Kropka!

– Ale bez miłości jest źle, znacznie gorzej – upiera się młódź.

Starszy tkwił przy swoim:

– Ja tak pojmuję moją miłość. To odpowiedzialność – zarobić na rodzinę, na dom, na jedzenie, prąd, ciuchy. Wierszami, gorącymi wyznaniami jeszcze nikt się nie najadł. Kocham – oznacza dla mnie „dbam, otaczam troską", jestem facetem, mam to we krwi, że o rodzinę trzeba zadbać od strony materialnej, a później, w cieple ogniska można patrzeć w oczy i trzymać za ręce, kochać romantycznie.

I ja jestem tego zdania. Źle postawiona teza. Jedno z drugim nie ma wiele wspólnego, ale jak pokazuje życie, brak pieniędzy potrafi zabić skutecznie nawet zwykłe przywiązanie, pokazać prawdziwe więzy i powody, dla których ludzie się ze sobą kłócą. A najczęstszym powodem wojen podczas rozstań w związkach z dużym stażem są pieniądze.

Zdrada, powiadacie?

Otóż nie – zdrada jest na drugim miejscu, bo mówię o wojnach. Nawet gdy przyczyną rozpadu związku jest zdrada – wojna toczy się o pieniądze!

Oczywiście powodem bardzo często bywa skok w bok.

Kiedyś w zamierzchłych czasach, gdy małżeństwa bardzo często były zawierane z rozsądku, a miłość (tak obiecywano małżonkom) miała przyjść z czasem, zdarzało się, że przychodziła. Może bywała mylona z przyzwyczajeniem, jakąś nutą sympatii, czy też zwykłym lubieniem, ale bywało dość często – że małżonkowie czekali na tę miłość i czekali, i nic... Panna została wydana za pana niespełniającego żadnego z jej marzeń, serce zostało przy jakimś biednym wzdychaczu, i tak oto pojawiała się w sypialni, niechętna małżeńskiemu obowiązkowi, w białym gieźle z wyhaftowaną maminymi rękoma dziurą w okolicach intymnych, żeby pan i władca mógł odbyć z nią comiesięczny (czy też copółroczny – zależnie od natężenia jej migren) stosunek seksualny.

Nie dziwota, że i pan małżonek miał mniejszą atencję do takich karesów i zostawiał zmigrenowaną małżonkę w spokoju – chodząc sobie na lumpki lub po prostu mając garsonierę na mieście i kochanicę żwawą i chętną.

Pani małżonka, z czasem ulegając podszeptom rodziny, urządzała mężowi jakieś fochy: „że ludzie mówią już o tobie, co za wstyd!..." i strapiony mąż przepraszał ją, nakładając na palec kolejny pierścionek na zgodę lub kolię na szyję. Bywało – pani uskładała niekiepską szkatułę na zaś przy mężowskim temperamencie – jadąc na jego poczuciu winy.

A my co?

Wywojowałyśmy sobie emancypacją wolność wyboru i zapomniałyśmy o szkatułce.

Wychodzimy „za ten mąż" często zbyt pochopnie – myląc miłość z pożądaniem, gdy szaleją obudzone zmysły, świeżo uwolnione hormony zaślepiają, a zamężne koleżanki kłują w oczy piękną sukną, obrączką z najnowszej kolekcji firm jubilerskich i kupionym przez rodziców mieszkankiem, w którym można bara-bara do woli. Szast-prast! I my też już mamy ten nasz upragniony Związek.

Bywa, że po krótkim czasie – oszołomienie erotyczne mija, zaczyna się zwykłe życie i okazuje się, że pasmo rozczarowań wzajemnych jest większe od Sudetów, i powoli zaczynamy się rozglądać za poprawą nastroju.

Upraszczam, ale to mniej więcej tędy idzie.

Czasem bywa i tak, że w wieku nazywanym Wiek Męski – wiek klęski (nie mylić z andropauzą) panowie gwałtownie panikują, że latka lecą, a oni nie zabawiają się, nie pobzykują na lewo i prawo – statecznie zaokrągla im się brzuszek i dzieci już wyrosły z pampersów, a oni – co...? Często pojawia się wtedy w ich życiu wyjąca tęsknota za młodą gazelą. Tak często jak w naszym, drogie *ladies*, za młodym i romantycznym, a też jurnym i szczodrym kochankiem. Nie oszukujmy się.

Pan bardziej lub mniej świadomie udaje się na polowanie i pojawiają się kłopoty wraz z sekretarką, asystentką, koleżanką z działu albo miłą kasjerką z pobliskiego samu...

Po wpadce, najpierw szaleje burza z zazdrości, a raczej zdeptanej kobiecej dumy. Ponoć nic nie równa się z furią kobiety zdradzonej z młodszą i ładniejszą... Ale na dobrą sprawę wojna, jaka się rozpętuje później, rzadko jest wojną o samczyka, o jego serce i uczucia – a częściej o jego portfel.

Jakiś czas żyję i obserwuję rozchodzące się pary – rzadko pojawia się tu aspekt zranionej miłości, krwawiącego serca, żalu za cudownym mężem. Koleżanki moje zazwyczaj, odkrywszy romans niewiernego męża, nie zadają sobie pytania – dlaczego szukał na innym podwórku tego, co powinien mieć w domu?

Co się z nami, jako związkiem, porobiło? Może jego zarzuty (jeśli już doszło do rozmów) są słuszne?

Może się zrobiłam nudna, leniwa, milcząca – nawzajem zeszliśmy na drogę uproszczeń, rutyny, zakładając, że złote kółko na palcu „chroni nas ode złego"?

Pan odchodzi z gazelą – pani miota oskarżenia i wytacza wojnę o... pieniądze.

I zazwyczaj jest to jedyny powód dzikich awantur, afer, śledztw i wyrzutów. Pojawia się grzebanie w dokumentach, namawianie świadków do zeznań na niekorzyść powoda i cały ten brzydki bal.... I rzadko którą panią zadowala połowa majątku, rzadko który pan chce połowę oddać. Aż połowę, ojej!

A gdzie poczucie obowiązku? Elementarna przyzwoitość?

Moje drogie, gdy pojawia się głęboka chęć uwolnienia się z męczącego, nudnego układu, albo nęci długonoga młódka, to elementarną przyzwoitość pakuje się w kartonowe pudełko wraz przyciasnym garniturem, zdjęciami z dawnych lat i stawia na antresoli. A poza tym...

Mój kolega pragnął wolności, czy też młodej gazeli, a może jednego i drugiego, ale żona go tak zaszachowała, iż udało jej się go sprowadzić na drogę cnoty i poczucia elementarnej przyzwoitości – majątek, rodzina dzieci! I co? Dzisiaj ma w domu nadętego gbura, który zachowuje się jak imć Dulski – milczy ostentacyjnie i ma wszystko gdzieś. Doprawdy – fantastyczne rozwiązanie problemu!

GDYBY.

Gdyby większość z nas pamiętała, kochając na zabój i żyjąc w stuprocentowej pewności, że „...nie, Felek tego nie zrobi, on jest uczciwy, ja go znam", że potrzeba nam szkatułki, o ile byłoby nam łatwiej rozstać się z kimś, nie udając, że idzie nam o dobro rodziny, obowiązki trwałość związku.

Droga Marilyn!

Nie miałaś racji, że *diamonds are a girl's best friend*! Nie diamenty są najlepszymi przyjaciółmi kobiety, a praca i własne konto. Dostatnie życie u boku królewicza, którego nam wszystkie kumpele zazdroszczą, może się znienacka skończyć jak serial o niskiej oglądalności. A jeśli nawet trwa dalej, to może się okazać, że główna aktorka została podmieniona na młodszą albo na kogoś lepiej pasującego do tej roli.

Dlatego należy dbać też o tę szkatułkę – mieć własne konto, pracę, która zapewni emeryturę – składki na któryś tam filar.

Życie bywa bardzo zaskakujące, a w Polsce, w kraju pod tym względem – Trzeciego Świata, nie ma i nie widać, żeby wprowadzono ustawę o ubezpieczeniu pań prowadzących dom i wychowujących dzieci. I na dodatek mówi się że taka pani „nie pracuje".

Jeszcze ciągle wiele z nas ulega dziewiętnastowiecznym poglądom, że skoro wyszłam za mąż i poświęcam się rodzinie – zostanie to zrozumiane i należycie docenione... Skoro nie myśli o tym nasz małżonek, nasze państwo – myślmy same.

Uważam, że gdy każda z nas zadba o swoje pieniądze, swoje konto, to inaczej będzie patrzyła na swoje małżeństwo, i gdy (nie życzę tego nikomu, ale życie pokazuje jednak swoje wielooblicze) przyjdzie zapaść związku, rozpad, rozwód – same sobie będziemy mogły łatwiej odpowiedzieć na pytanie, czy żal nam fajnego partnera, czy nęka nas strach o to, że odchodzi płatnik tylko.

Warto zadbać o swoją przyszłość nawet, gdy mamy sto procent pewności, że nasz Pusio nie zostawi nas nigdy. Bo są Pusiowie, którzy w razie rozwodu zgodnie oddadzą pół królestwa i dorzucą jeszcze konia na otarcie łez, a są i tacy, co opłacą mecenasów i ogolą małżonkę ze wszystkiego, zabierając jej nawet pierścionek zaręczynowy...

Zamiast kulinariów, wiersz La Fontaine'a (tłum. Władysław Noskowski).

W tłumaczeniu rosyjskim konik polny jest, moje drogie, rodzaju żeńskiego... :-)

Konik polny i mrówka

Niepomny jutra, płochy i swawolny,
Przez całe lato śpiewał konik polny.
Lecz przyszła zima, śniegi, zawieruchy –
Gorzko zapłakał biedaczek.
„Gdybyż choć jaki robaczek.
Gdyby choć skrzydełko muchy
Wpadło mi w łapki... miałbym bal nie lada!".

To myśląc, głodny, zbiera sił ostatki,
Idzie do mrówki sąsiadki
I tak powiada:
„Pożycz mi, proszę, kilka ziarn żyta;
Da Bóg doczekać przyszłego zbioru,
Oddam z procentem – słowo honoru!”.
Lecz mrówka skąpa i nieużyta
(Jest to najmniejsza jej wada)
Pyta sąsiada:
„Cóżeś porabiał przez lato,
Gdy żebrzesz w zimowej porze?”.
„Śpiewałem sobie”. – „Więc za to
Tańcujże teraz, nieboże!”.

Ruskie dla leniuchów

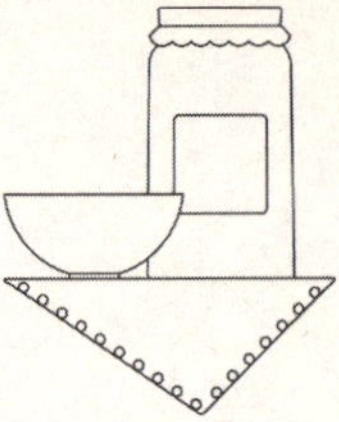

Składniki farszu:
- Ziemniaki
- Cebula
- Masło
- Twaróg

Jeśli nam zostały z obiadu ziemniaki – myślimy o ruskich pierogach, ale… kto nam ulepi?

Można sobie ułatwić życie.

Smażymy kilka naleśników. Polecam przepisy dostępne wszędzie i jedno popołudnie spędzone na nauce. Ciasto robimy mikserem, luźne jak rzadka śmietana.

Teraz zabawa patelnią. Bywa w sklepach oliwa w sprayu, bywa atomizer do oliwy, ale można owinąć widelec, patyk, kawałkiem waty, maczać w oliwie i delikatną mgłą pokryć płaską patelnię. Ma być bardzo gorąca – patelnia oczywiście. Łyżką wazową wlewamy ciasto na patelnię uniesioną z ognia i manewrujemy tak, by się rozlało na niej, tworząc naleśnikowatą powierzchnię. I teraz zaczyna się prawdziwa zabawa – można nauczyć się tak podrzucać, żeby naleśnik spadł odwrócony – można szpatułką zwyczajnie go przewracać.

Warto się nauczyć naleśnikarstwa – bo to później bardzo w życiu przydatne.

Mamy naleśniki. (Można kogoś poprosić – no.)

Farsz. Utłuczone lub przepuszczone przez praskę ziemniaki, mieszamy z cebulką posiekaną drobno i zeszkloną na maśle tak nawet do lekkiego zrumienienia. Pieprz (sporo), mielony kminek i ciuteńkę majeranku. Kwaśny twaróg – polska specjalność. Powinien być wg uznania (a co dom, to inne proporcje) – ¼ aż do ½ objętości ziemniaków.

Wymieszać to i spróbować, czy na słoność akurat. Pozawijać w naleśniki, obsmażać albo nie.

Babskie czytadło

Ach, te ciągłe spory o literaturę – czy ona męska, żeńska czy nijaka. Klasyfikacje etc. przypominają mi ciąganie się za warkocze, podszczypywanki.

Od dawna już piszemy sobie, co chcemy – my kobiety i mężczyźni. Nie ma dla pisarza żadnych progów do pokonania poza jednym – żeby chcieli wydrukować – to raz, a dwa – żeby chcieli kupić i przeczytać!

USIADŁAM sobie w okienku z książką i jabłkiem. Akurat wracał Marian z bazaru.

– Cześć, Gośka! Co czytasz? Jakieś babskie czytadło?

– Cześć, a chcesz w łeb?

Znamy się z Marianem od dawna, jesteśmy dla siebie mili i serdeczni, jak zawsze.

– Masz kurę?

– Mam – pochwalił się Marian kurzym zwłokiem, majtając siatką. Marian jest mistrzem pomidorówki, gotuje ją w piątki, jak kupi kurzy zwłok na bazarze u baby z jednym zębem. Ona ma najlepsze kury rosołowe i na nich Marian gotuje najlepszą pomidorówkę na świecie. Przynajmniej tak sądzi od lat i ta teoria jest niepodważalna. Makaron też umie sam...

– Czemu zaraz w łeb? – przyczepił się. Stanął naprzeciw mojego okna i położył kurę na pniaku. Jak staje na rozstawionych nogach – znaczy pogadać chce.

– Za „babskie czytadło", zabrzmiało pogardliwie.

– Gocha, bo literatura jako taka jest i tak rodzaju męskiego! To myśmy ją wymyślili, latami tworzyli, a wy, *sorry*, ale raczkujecie.

Rzuciłam w niego ścierką kuchenną, a potem powiedziałam:

– Marian. To prawda, że wkroczyłyśmy do pisarstwa, tak zdecydowanie, w dwudziestym wieku, ale bynajmniej nie dlatego, że nie mamy uzdolnień czy chęci. Byłyśmy trzymane latami na bezpieczną odległość od wszystkiego, co wydawało się facetom ich lądem. Dla nas przewidziano kuchnię i salony z sypialnią. Nie nasz wybór. Nasza ciężka i trudna walka z tym idiotyzmem, że niby siedzimy gałąź niżej.

– Ale ja nie mówię, że niżej...

– Literatura, pisanie, Marian, nie jest narządem biologicznym, doskonalonym latami w procesie ewolucji, jak ręka czy noga, a skutkiem myślenia abstrakcyjnego, danego wszystkim naczelnym z gatunku człowiek. Zdolności literackie nie są przenoszone z chłopczyka na chłopczyka za pomocą chromosomu Y. Się je ma lub nie, i tylko tyle, a reszta zależy od wrażliwości, tego, co się widzi, czuje, a także chce i umie przekazać.

– Gośka, bo ty to tak dosłownie... Ale powiedz, zawsze chłopaki pisali! Nauczyli się w ciągu lat, a wy, no *sorry*, Gocha, raczkujecie.

– Raczkujemy? Mamy wiek dwudziesty i ciut, a kobiety pokazały, jak wiele potrafią i zanegowały gadanie św. Tomasza o swej niższości gatunkowej. Jesteśmy pilotami promów kosmicznych, politykami, odkrywamy pierwiastki promieniotwórcze (mając wrażliwe serca, delikatną cerę, talię i umiejętność noszenia szpilek i tipsów).

– Ale w pisaniu, kobieto, macie historycznie krótszy staż!

– Głównym odbiorcą prozy Ursuli Le Guin są mężczyźni, bo fantastyka to jednak literatura bardziej ceniona przez mężczyzn. To niełatwa i wspaniała pisarka, czytałeś?

– Wykręcona...

– Oriana Fallaci, niekwestionowana dziennikarka polityczna, rozmawiała z największymi tego świata, nie bojąc się ich krytykować, a już najgłośniej protestowała przeciw głupocie i krótkowzroczności politycznej. Adresatami i odbiorcami jej wywiadów, doniesień i komentarzy są głównie mężczyźni. Jadwiga Staniszkis, politolog, a właściwie – socjolog i filozof – zyskała sobie wielki autorytet i liczą się z jej zdaniem wielcy i mądrzy. Nie adresuje swoich książek do kobiet, a do ludzi myślących. A za nimi masa pisarek piszących o życiu, jak wy, tylko może ciut inaczej...

– Wolę Koontza, Grishama, Folleta, Krajewskiego, Łysiaka, Kapuścińskiego. *That's it*[1] – dodał (jego żona uczy angielskiego).

– OK. Prawdą jest, że mamy – wy i my – inne zapotrzebowania w dziedzinie literatury. Nic dziwnego. Mężczyźni lubią czytać o sobie (fantastyka, sensacja, książki wojenne, reportaże z frontów, opowieści o herosach etc.), kobiety o sobie (miłość, romantyzm, dom, rodzina, związki, natura), co nie znaczy, że nie czytamy Eco, Lema, Kapuścińskiego czy Bartoszewskiego. No, proszę cię! Jesteśmy różni, Marian.

– Jezu, jak to dobrze – westchnął.

– Ilu mężczyzn przeczytało z zapartym tchem „Annę Kareninę", a ile kobiet? Ilu – Faulknera, Balzaca, Prusa i jego „Emancypantki" czy „Lalkę", ilu Moravię, Whartona, Coelho? Pisane przez mężczyzn, a czytane głównie przez kobiety!

– Bo to tam takie... Miałem na myśli takie książki... Babską pisaninę o babskich sprawach – wycofywał się.

– Jakie, Maniek? Literatura kobieca to nie tylko książki pisane kobieta kobiecie! Kobieta kobiecie to już zawężenie, to zazwyczaj literatura lesbijska. Chociaż jako taka (i gejowska przecież, niby facet dla faceta pisze) czytana jest przez tych, którzy szukają wiedzy o innych światach, relacjach. Oczywiście są tacy, którzy czytają to dla sensacji. Na przykład „Berek" Szczygielskiego.

– A ty czytałaś? – spytał Marian.

– Czytałam!

– I co?

– I nico... Książka jak książka. I nie należy do literatury kobiecej. To obyczaj. Literatura kobieca, Marian, to rodzaj nastrojowości, aury, sposobu narracji i specyfiki dziejów – bliżej domu, bliżej serca, uczuć. Może być świetna, może być mdła, nijaka. Niestety, w Polsce wielka liczba ludzi nadaje wartość ujemną wyrażeniu „kobieca". Stereotypizacja płci, pojęć i określeń, jej umiejętność zagnieżdżania się w umysłach skądinąd niegłupich ludzi przeraża mnie i zdumiewa! Krytyk mówiący o literaturze kobiet „literatura menstruacyjna" to nie żaden krytyk, a zwykły cham, a panowie literaci nonszalancko traktujący koleżanki po piórze (jest takich kilku, doprawdy nie wszyscy!) – to prostaki hodujący jakieś kompleksy. Zarówno mężczyźni, jak i kobiety potrafią napisać coś znakomitego, ale i gniota też. Niezależnie od garnituru chromosomów... Więc nie sarkaj mi tu na „babskie czytadło", bo sam czytałeś „Smażone zielone pomidory"!

– A ty skąd wiesz? – spytał Marian.

– Aaaa... baby we wsi gadały! Marian! My nie piszemy gorzej, tylko inaczej. Ty, a założyłbyś na siebie ładną miniówkę, żakiet i pończochy?

– Przestań, co to ja – zbok jestem?

– Widzisz? Tak samo jest z literaturą, wy lubicie inną, my inną, a dżinsy, swetry, kurtki i adidasy nosimy takie same, są unisex.

Skończyłam i oparłam się o parapet, kończąc jabłko.

Marian patrzył na mnie, kombinując coś, ale nic nie powiedział, tylko wziął siatkę z kurą i pomachał nią w powietrzu.

– No, co? – spytałam, bo czułam, że chce mnie jeszcze dźgnąć jakimś argumentem.

– Nico. Ale ty masz gadane, Gocha! Swoją drogą... Skąd wy tyle słów znacie? – pokręcił głową i dodał: – To cześć, idę, wstawię tę kurę. Urwę sobie lubczyku?

– Urwij – pomachałam mu.

Koło narożnika ogródka, jak rwał ten lubczyk, odwrócił się jak Colombo i zawołał:

– Aha! A harlequiny?

– Proszę cię! Nie myl pojęć! – odkrzyknęłam i rzuciłam w niego ogryzkiem. Uchylił się, a ogryzek spadł w jałowce.

Marian głupi nie jest. Uśmiechnął się. Potem ruszył w swoją stronę.

Jego żona ma fajnie. W zasadzie nie musi gotować, bo to domena Mariana. Jak ona wraca do domu, ma już obiad na stole. Marian krócej pracuje. Tak ma ustawioną firmę. We wtorki i czwartki chodzi na karate, w piątki gotuje na cały weekend. A bibliotekarka mi powiedziała, że teraz zapisał się na „Kapłana" Kotowskiego i „Boże Narodzenie w Lost River" Fannie Flagg.

I żaden z niego seksista.

Tak sobie pogadać lubi!

Pomidorówka, czyli Mariański cud

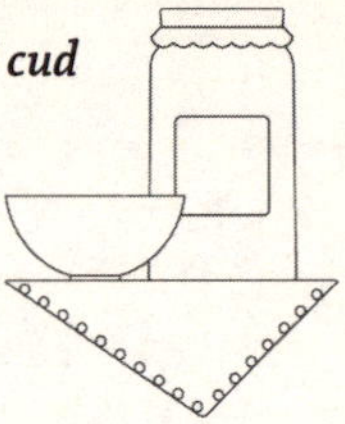

Składniki:
- Przecier z pomidorów
- Kura z bazaru
- Wołowina, skrzydło indycze
- Włoszczyzna
- Przyprawy
- Śmietana

O! Do tego cudu Marian robi latem 120 litrowych słoików przecieru z pomidorów. Jesienią zwozi samochodem z bazarku skrzynki z owalnymi pomidorkami, oskórowuje je we wrzątku, i do gara. Gotuje dzień, dodaje ciut soli, miksuje blenderem, i do weków! Kurę z bazaru, tę od baby z jednym zębem, sprawia i kładzie do garnka, z kawałkiem wołowinki (szponder, pręga) i skrzydłem indyczym, jak ma.

Nastawia wywar. Szumuje. Nie chce zdradzić, co do wywaru dodaje, ale sądzę, że to, co wszyscy. Kiedy idę koło ich domu, pachnie jak zacny, niedzielny rosół. Gdy mięso mięknie, Marian wrzuca włoszczyznę, a może i listek laurowy? Ze 2 kulki ziela? Lubczyk z mojego ogródka – na pewno! Zagotuje warzywa i idzie spać. Następnego dnia do wrzącego wywaru, z którego wyjął wszystko łyżką cedzakową, wlewa ten swój przecier. Kwaśny, z pesteczkami. Miesza i zagotowuje porządnie. Dodaje sól, pieprz i... łyżkę cukru. Dużą. (Zdradził mi to na weselu naszej sklepowej Moniki, jak już lekko się „perfumował").

Do tego Śmietana, zawsze kupowana u Stefaniakowej, co handluje nabiałem u siebie w domu. Ma taką śmietanę, że się nie skłaczy w Marianowej zupie, a i dodatków smakowych, antykoagulantów i innych tam E – nie zawiera. No i Marian tą zupą szpanuje! A ten jego makaron... To już zupełnie inna bajka!

Święta – polska specjalność

Od kilku lat, od dooobrych kilku lat czas świąt irytuje mnie potężnie.

Komercja, która wdziera się wszędzie jak woda podczas potopu, i zatapia wszystko, co naprawdę święte i nienaruszalne.

Od listopada, jak tylko znikną znicze, w sklepach pojawiają się opakowania bombek. I zaraz po tym fiuuuuuuuuuuuu! Feeria dekoracji świątecznych jak oszalała w wyścigu do naszych kieszeni. Obrzydlistwo.

Próbowałam bawić się w ślepą babkę i nie zauważać tego. Omijać wzrokiem, ale zaraz producenci cacek i dekoratorzy sklepów dostrzegli mój ośli upór i zaatakowali mnie „od serca". Od początku grudnia walą mnie po uszach... kolędami! To już świństwo i ohyda.

Nie jestem katoliczką, ale akurat kolędy to pieśni śpiewane w domach, w ten jeden, jedyny wieczór, a też na zesłaniach, podczas oddalenia od Polski etc., z miłością i tęsknotą. Te święte pieśni religijne sprostytuowano w domach handlowych, żeby wycisnąć z kupujących jak najwięcej szmalu, atakując czułe nasze serca. Fuj!

Nie ma jak się bronić!

Opadają ręce i coraz większy widzę exodus naszych przyzwyczajeń w stronę odzwyczajenia się od tego, co było pięknym, polskim obyczajem, a stało się handlową, komercyjną manipulacją.

Kolorowe czasopisma od lat mielą do absurdu Polskie Tradycje. Grzybowa w milionie odmian, z jedną kulką ziela, z dwoma, na borowikach czy grzybach mrożonych, i to samo z dwunastoma potrawami, których zdjęcia atakują już od Barbórki „do obrzygu" – jak mawiają koledzy moich dzieci.

Sławni kucharze wymyślają kolejne wariacje na temat śledzia, wpadając w absurdy kuchni fusion. Śledź z musem malinowym ma nas zachwycić! Bigos z krewetkami takoż, i inne dziwadła. I nikt nie ma odwagi zakrzyknąć, że król jest nagi, że to... OHYDNE!

Jedni próbują ratować, co się da, i odwracają się w stronę totalnej skromności i religijnego wymiaru świąt, inni – w ogóle rezygnują z czegoś, co już nie jest polską tradycją tylko polskim (i nie tylko polskim) koszmarem. Jadą na narty w Alpy, na Seszele, byle dalej od mikołajów i barszczu przećwiczonego tysięczny raz przez kogoś znanego w znanym programie. Nie potępiam. Wolność Tomku! Jaka akcja – taka reakcja.

I jeszcze jedno – dopóty dzban… Niektórym się już owo ucho urwało i Tradycji powiedzieli: Dość!

Dziękujemy ci, psiakrew, Komercjo!

PRAWDA! Żadne Boże Narodzenie nie jest takie, jak polskie.

– Nie było – poprawia mnie córka.

– Czemu „było"?

– Sama psioczysz na komercję! I że duch gdzieś zaginął. Lecę, mamo. Zrobisz mi przed wyjazdem rybkę faszerowaną? I przepis zostaw!

– To... Mogę jechać?

– Możesz, możesz! Damy sobie tu radę!

Córeńka, Samo Dobre, cmoknęła mnie w czoło i pojechała.

Ma swoje życie, swoje sprawy.

W tym roku, o zgrozo!, opuszczam gniazdo i wyjeżdżam.

Zostałam wychowana bez wielkiej emfazy świątecznej, bo ja pochodzę z rodziny tylko o korzeniach katolickich, ale kompletnie niepraktykującej, więc niby o luźniejszym podejściu do ortodoksyjnej Wigilii.

Gdy jednak jako studentka przyszłam do mamy i zapowiedziałam, że na święta jadę z grupą koleżeńską na narty do Zakopca, mama o mało z krzesła nie spadła.

– Jak to?! W ogóle na święta?! Na całe?

– No... Na dwa tygodnie w tym święta i sylwester!

– Ale... To nie będzie cię na Wigilii?!

(Wszystko zakończone wykrzyknikiem i znakiem zapytania – zdumiona, znaczy).

– Tttak – powoli tracę rezon, ale się trzymam swego.

Mama zrobiła minę, której nie lubiłam bardzo, pod tytułem „kompletna dezaprobata", czyli foch na maksa.

Oj, no o co idzie? Że jadę? No, bez przesady! Całe życie grzecznie siadywałam do Wigilii i nic się nie stanie, że się ten raz urwę!

– Jak ty to sobie wyobrażasz...? – mama nagle wytacza mi najcięższe armaty: o więzach rodzinnych, o tradycji i że rodzina razem, i że...

O, sporo tego i w sam brzuch! Boli. Jestem niewdzięcznicą, wyrodkiem i opuszczam dom w święte święta!

Kończy z kamienną twarzą, zaciągając się papierosem:

– Zrobisz, jak uważasz...

Zrobiłam. A co! Dorosła jestem!

Nasze święta w domu, we trójkę bez większej celebry, ot, kolacja ciut elegantsza, nas troje – mama, tatko i ja. I pies. (OK. Czworo). Nudno, smętnie i pustawo.

Co innego było w Klarysewie u rodziny, na obiadach u babki Stefy czy urodzinach dziadka Wacka, gdy zbierała się cała rodzina i był rejwach, szum!

No, jakby taka Wigilia, to by było coś!

– Małgosia? Aleś urosła, dziecko! Pokaż się!

– Gosiu, ukłoń się dziadkowi Wackowi!

– Maruszko! Jak ładnie ci w tej ciąży! Gdzie są kieliszki?!

– Piooootrek! Skocz do piwnicy po kwas chlebowy! Gdzie ten chłopak lata?

I takie szczebiotanie rodzinne – cudne, kochane – takie jakie powinno być. I choina pod sufit i wielgaśny stół...

W Zakopanem na Cyrhli zamieszkaliśmy u gaździny w ładnej, nowej chałupie zbudowanej dla turystów.

Nartowaliśmy namiętnie, żyliśmy wesoluchno i beztrosko, jak to studenci. Wieczorami gitara, śpiewy, piwo i fajeczki, śmiech i uroki młodości. (Byłam z ówczesnym narzeczonym).

Tuż przed Wigilią przypomnieliśmy sobie, że ona w ogóle jest. W sklepach pusto, zdążyliśmy kupić chleb, a ze sobą mieliśmy prowiant – owszem, ale nie wigilijny. Śledzie, rybki w konserwach – oczywiście, a reszta to kiełbasa, mielonka turystyczna... Nie postna byłaby to Wilia...

Poszłyśmy do gaździny po ratunek.

Ulitowała się.

Na nasz wigilijny stół wjechała, po śledziach i rybkach, miednica (zwykła, emaliowana, spora, bo i nas sporo) pełna halusków, czyli klusek scykanych. Gaździna nawet ze skwarek nas rozgrzeszyła.

– A bose macie jiść? Pombóg się nie pogniwo, widzi, jakeście niemoty!

Dała nam ziemniaków i pokazała, jak je robić (te haluski), sama zajęta swoją Wigilią.

Było… miło, najedliśmy się tych klusek!

Wieczorem, już w łóżku, wspominałam z Tomkiem, co tam się dzieje w naszych domach.

Jak smakuje grzybowa mojej mamy i że uwielbiam puszyste ziemniaczki ze śledziem w śmietanie. Tomek tęsknił do pierogów z grzybami swojej mamy i opowiadał o świętach w jej majątku (była Litwinką – panią na włościach). Wreszcie za oknami buchnęły góralskie pieśni – pod samymi oknami stała kaplica, a tam odbywała się pasterka. Kolędy śpiewane przez górali są najpiękniejsze! Nikt tak jak oni nie umie ich zaśpiewać z sercem i miłością prawdziwą. Poryczałam się z jakiegoś rozczulenia, wzruszenia, tęsknoty.

Kiedy już wyszłam „za ten mąż" i stałam się panią domu, nagle okazało się, że nie, jeszcze nie zrobię upragnionej, takiej mojej Wigilii, bo…

Każda młoda mężatka przez to przechodzi. Nareszcie chce się pokazać i zaprasza rodziców, i… nic z tego!

– Ależ kochanie, myśmy już zaplanowali i będziecie u nas! No po co masz sobie, dziecko, głowę zawracać? Będzie babcia i dziadek, i Krysia, i Jurek… Nie zrobicie mi tego!

Dokładnie to samo słyszy młoda od rodziców męża, więc musi zrezygnować z pomysłu na swoją Wigilię, bo to już dwa domy do obskoczenia… Za rok się panna napina i… znów to samo.

– Halo? Kochanie, Wigilia będzie u nas, jak co roku. Macie za ciasne mieszkanie, i po co masz się męczyć. Raczej pomyślcie o wnusiu…

Okropne – dla każdej młodej pani domu!

Ten koszmar i zniewolenie trwa czasem aż do zejścia Szanownych Rodziców, którzy absolutnie uważają, że Wigilia to tylko w domu rodzinnym, i mówiąc: „przyjedźcie do nas", zapominają, że młoda para stworzyła swój dom rodzinny i sami też chcą tworzyć swoje Wigilie i tradycje.

W moim domu Wigilie są klasyczne do bólu, za sprawą... mojej córki. To ona jest strażniczką rodzinnych i polskich tradycji. Staje nade mną jak Tewje Mleczarz ze „Skrzypka na dachu" i dudni:

– Tradycja! Choinka z żywych gałązek! Żadne nowomodne pomysły. TRADYCJA!

I synowa taka sama... Faaajnie!

Widzę Mariana po drugiej stronie ulicy, więc się wydzieram:

– Mariaaaan! Podejdź do płota!

– Cześć, Gocha, co jest?

– Sprawę mam, wejdziesz?

W domu zasięgnęłam marianowej opinii.

– Maniek, jadę ... Na cały grudzień, ze świętami i kawałek stycznia – wiesz, jak jest.

– No i...?

– Jak to „i"? Głupio tak jakoś, nie? Wyjechać na święta...?

– No przecież masz rodzinę, a twoje panny zaradne – córka i synowa – sama mówiłaś.

– No, tak. Ale ja... Wypada tak wyjechać na Wigilię?

– Wypada, wypada. Szczególnie Gocha, że masz misję. Przecież jedziesz zawieść ciepełko świąteczne komuś, kto czeka i potrzebuje! Jedź! Twoje panny ogarną rodzinę, a o dom się nie martw!

– Zostawię ci klucze Marian, co?

– Jasne. Wpadniemy tu z Magdą, podlejemy ci paprotkę.

– Nie mam paprotki. Fikusa mam i hoję, i kaktusa ...

Już mam wilgotne oko.

Jak dobrze mieć sąsiada! Jak dobrze, że mi Maniek wyjaśnił z tym światełkiem – ciepełkiem. Tak! Jadę z misją. Jadę robić polską Wigilię bardzo daleko.

– No, daj spokój. – Marian też już miękki jest. – Jedź! Jedź! Ktoś tam czeka na Twój wrodzony mamusizm!

– Nabyty – mówię.

– Jaki by nie był, jesteś mamissima maksima! Jedź!

Jadę! Nie mam pojęcia, czy będą tam śledzie, karp (raczej nie, śledzie chyba będę musiała zasolić sama, a i tak nie śledzie, tylko śledziopodobne, a karpie tylko ozdobne, w stawach). Choinka?! No tuje, jałowce może są… i sosny na „gór szczytach". Kapusty kiszonej za grosz (zakiszę sama!). Wiem, że przynajmniej ziemniaki są, to narobię halusek! Nastrój wiozę i mój mamusizm. Będzie polska Wigilia bardzo, baaaaardzo daleko! Prawdziwa, niesamotna i piękna.

Moje *spécialité de la maison!*

Pisać o kiszeniu kapusty? Soleniu śledzi?

Eeeeee! Po co, jak to mamy u nas pod ręką!

Przypomnę owe haluski, czyli scykane, czyli inaczej przecieraki, czyli żelazne kluski.

Baaaradzo polskie (i trochę czeskie, i słowackie) kluseczki

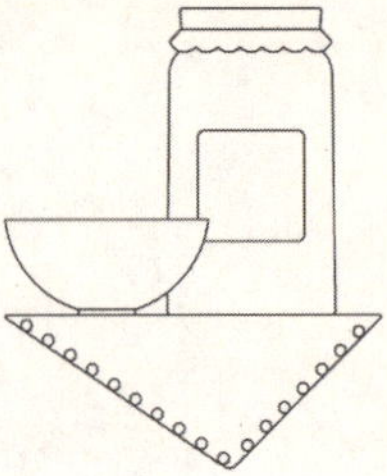

Składniki:

- Ziemniaki
- Jajo
- Mąka
- Cebula
- Oliwa

Ziemniaki trzeba obrać i zetrzeć na gęstej tarce.

Odstawić – na dnie zbierze się krochmal.

Odsączyć – z nadmiaru wody, nie wylewając owego krochmalu.

Wbić jajo, wsypać mąki tyle, że po rozczynieniu masa jest dość gęsta.

Technika robienia klusek:

Scykane:

Ciasto się rozkłada na desce do krojenia na centymetr grubości i nożem „scyka się" (odkrawa) kawałeczki wprost do słonej, wrzącej wody.

Kładzione:

Łyżeczką zbiera się kluseczki (jak francuskie kładzione) i kładzie się na wrzątek.

Gdy wypłyną na powierzchnię – wyjmować cedzakiem i lu! na miskę.

Polać skwareczkami ze zrumienioną cebulką. Doprawdy, takie właśnie ledwo omaszczone, gorące są najpyszniejsze.

Na Wigilię ortodoksyjnie można zrezygnować ze skwareczek – zrumienić cebulkę na maśle lub oliwie, i już!

I tak najważniejszy jest nastrój, ten polski pierwiastek szczególnej świętości tego wieczoru, a tego nigdzie się nie kupi.

To się ma w sobie.

Antyświat

Antyżycie?

Swego czasu (zazwyczaj oznacza to dawno temu) kręciłam z kolegą z telewizji wegetariańskie śniadania z panią, która jest wegetarianką, mieszkanką Warszawy, ale taką z pokolenia tych, co szanują naturalne ekożycie, na ile to możliwe w stolicy.

Po nagraniu kolega, totalny mieszczuch, uzależniony od radia i telewizji (wtedy, bo dziś mu się zmieniło) pyta panią:

– To, co będzie pani oglądać z rodziną?

Pani zdziwiona i zaskoczona odpowiedziała:

– Ja? Nie, nie będę.

– Dlaczego?!

– Bo ja… nie oglądam telewizji. My – poprawiła się.

– Ale… Czemu?! – zdziwił się kolega.

– Bo my nawet nie mamy telewizora.

Twarz kolegi była pełna najwyższego zdumienia i zainteresowania. Pani była współwłaścicielką znanej knajpy, nie stać jej na pudło?

– Sorki, że tak drążę – kolega musiał to sobie jakoś ułożyć w głowie – jak to, nie mają państwo TELEWIZORA?! To co wy robicie wieczorami?!

Pani westchnęła i powiedziała:

– Mieszkamy w wielkim przedwojennym mieszkaniu we trzy rodziny z małymi dzieciakami. Po powrocie z pracy każdy się czymś zajmuje – kuchnią, porządkami i dziećmi – są w różnym wieku. To domena ojców. Robimy wspólny posiłek, zjadamy go powoli, opowiadając sobie, co się działo z każdym z nas dziśiaj. Później zmywanie i dzieci odrabiają lekcje. Wieczorem po kolacji czytamy na głos książki albo sobie wspólnie muzykujemy, gramy w gry, szydełkujemy, szyjemy… Jest przecież tyle ciekawych zajęć!

Po zwinięciu kamer itp. kolega szepnął kompletnie zszokowany:

– Ty… Jak jacyś amisze! Czy oni są normalni?

Żadni tam amisze. Nie rozumiał tego ich antyświata. On typowy japiszon nie rozumiał, że tak można, że to ucieczka, ratunek przed absurdami. Ich antyświat przeciw powszechnemu antyświatowi.

Dzisiaj (minęło sporo lat) kolega mieszka na wsi. Rzuca psu patyk na wielkiej łące i jest szczęśliwy.

No i mamy całe to nasze obecne antyżycie. Zaczęło się kilkadziesiąt lat temu od antyradarów, że nie wspomnę o antymaterii i antygenach, ale te akurat siedzą dobrze osadzone w swojej roli. Teraz nastała moda na antywszystko!

DOKĄD to? – usłyszałam, gdy mijałam kogoś pochylona po parasolem.

Marian. No, a któżby takim wesołym głosem, chociaż leje? Znaczy deszcz, nie Marian.

Odpowiadam zatem:

– Jadę do Warszawy do Antyradia.

– Przepraszam? – Marian (też pod parasolem) zrobił minę faceta, który nie dosłyszał.

– Do An-ty-ra-dia – wysylabizowałam.

– Aaaaaa, so to jest za stwór?

– Nie słyszałeś? Taka rozgłośnia. Chcieli być inni i tak się nazwali.

– Ale jak to inni? Inna jest Dwójka. Dobra klasyka, mało reklam, słuchowiska, mądre rozmowy i przez to mają mało słuchaczy, bo są z wyższej półki. A „anty" znaczy nie ma muzyki, reklam? To, co jest?

– Wszystko! Wariacka muzyka, reklam, jak nasrał, i... normalnie, jak w innych. Radio jak radio.

– Ale, mówisz ANTY-radio...

– Czepiasz się. Chcieli być oryginalni. Jak wszyscy.

– Aha.

Marian patrzył na mnie, czekając, czy powiem coś jeszcze, co by obroniło nazwę „anty", ale ja tylko czekałam, majtając umalowanymi rzęsami, aż skończymy tę konwersację, bo się spieszyłam.

– I dlatego się umalowałaś?

Dostrzegł!

– Wiem, w radiu i tak nic nie widać, ale... Cześć, Marian! – i pomachawszy mu dłonią i rzęsami, poszłam szybko do samochodu.

Zaparkowałam za rogiem, bo wczoraj, gdy wróciłam z Warszawy, przed moim domem stała szamboniera.

Mamy XXI wiek, a u nas nie ma kanalizacji, mimo że to miejscowość podwarszawska, a nie Bieszczady.

Jechałam w deszczu i zastanawiałam się nad prostymi pytaniami Mariana. Ma rację chłopak. Odeszliśmy od logiki zupełnie. Zapanowała moda na antywszystko i mamy całe to nasze obecne antyżycie.

Zaczęło się kilkadziesiąt lat temu od antyradarów, że nie wspomnę o antymaterii i antygenach, ale te akurat siedzą dobrze osadzone w swojej roli.

Antyradary były odzewem na radary.

W małym pudełeczku siedział też niby radarek i ostrzegał nas – kierowców przed policją i jej radarem. Policja ścigała nas za antyradar, mimo że spełniał on znakomicie swoją pierwotną funkcję – zwalnialiśmy tam, gdzie trzeba było.

Jednak chyba nie o to szło, żebyśmy zwolnili w miejscach, w których łatwo o wypadki. Tępiono antyradary, bo zwalnialiśmy, a wtedy policja nie mogła nasycać się mandatami zwanymi rozkosznie – „wziątkami".

I już dalej poszło, a obecnie to już istne szaleństwo antywszystkiego.

Nic i nikt nie jest w pełni sobą!

Przykład pierwszy z brzegu.

Kiedyś malarz malował mieszkania, aktor grał w sztukach, piosenkarka śpiewała piosenki, a idiotka pozostawała idiotką, cham nie miał wstępu na salony itp.

Dzisiaj…

Malarze śpiewają i tańczą, aktorzy uczą się kilka lat zawodu, żeby robić karierę łyżwiarską, mimo że nie ogłoszono jeszcze oficjalnego zamknięcia bądź likwidacji mistrzostw w jeździe figurowej na lodzie.

Program w telewizji reklamuje ich jako… Gwiazdy.

Gwiazda niegdyś to była cała ceregiela! Lata pracy, szkolenia zawodu (głosu, mimiki, rąk, nóg etc.). Po osiągnięciu pewnej maestrii, musiała na gwiazdorstwo zarobić pewnymi cechami – umiejętnością celebry, kokietowania publiczności, różnych sędziów, jurorów etc. Nadto musiała być w swej dziedzinie wyjątkowa, nawet (a szczególnie) gdy była facetem, np. Sinatra, Elvis, Freddie, Lennon. Musiała chwytać za serce i przyprawiać o omdlenie, zawroty głowy i inne tam.

Antygwiazdy dzisiaj zdetronizowały gwiazdy niczym antymateria – materię.

Karierę zrobili najpierw panowie pokazujący to, co mają (według siebie) najlepszego – pan Piosenkarz z gitarą siusiaka po pijaku na scenie, a pan Piosenkarz bez gitary – goły tyłek (fuj! nieładny na dodatek) na estradzie, i to w dodatku w kierunku pana premiera ówcześnie panującego i… Nic.

Zostali antygwiazdami. Żadnego wstydu, żadnych konsekwencji, a nawet nobilitacja, bo pan z gołym zadkiem został gwiazdą prowadzącą programy w telewizjach, które uznały, że wszystko jest OK.

Pani Uskrzydlona Jurora jest owszem piosenkarką, ma słuch i śpiewa, ale jest typową antygwiazdą, jak na nasze czasy przystało – jest niegrzeczna, źle wychowana, nonszalancka i antypatyczna. Dzięki temu robi karierę.

A już w świecie *haute couture*…

Karierę robią tu ponure antykobiety, niepotrafiące ładnie chodzić, człapiące jak czaple z ciężkim schorzeniem nóg, stawiające ciężko stopy do środka, zaplatając nimi wymyślnie, w dziwnej choreografii, nieładnej po prostu, tym bardziej gdy są to niebotyczne obcasy. Zazwyczaj są bardzo dziwacznie poubierane, poczochrane za ciężkie pieniądze i mają takie miny, jakby pod jedwabiami i koronkami ukrywały uzi, z którego zaraz wymiotą do gawiedzi. Nazywają się Modelkami.

Modelki na wybiegach to ostatnio straszny widok.

Muszą chodzić w serwisie YouTube – są dziesiątki filmików ukazujących upadki, wywrotki modelek – to naprawdę niebezpieczny zawód!

Nadto są wychudzone, prawie do obłędu. Stawy ramieniowe, biodrowe, przebijają im niemal skórę, „solniczki” koło obojczyków pomieścić mogłyby po sporej łyżce soli, klapciate sutki przyklejone mają zazwyczaj do wychudłego mostka dramatycznie i nie mają pupy, cienia nawet brzuszka, i to, co znajduje się pod ich skórą, przypomina atrofię mięśni. Chyba dlatego (a może to współczesny wymóg?) są blade z wycieńczenia, upudrowane tylko na biało lub beżowo i ponure jak chmura gradowa. Chore i głodne.

Niektórzy styliści idą za ciosem i domalowują tym biednym dziewczynom szarozielone cienie pod oczami, więc gdy prasa pokazuje zdjęcia takich antygwiazd z wybiegów – matki ich załamują ręce i płaczą w poduszkę nocami nad niedolą córki.

Ona jednak, póki młoda, uważa, że matka się nie zna, że ona jako modelka robi fenomenalną karierę i że rozmiar „0" jest super.

Wycieńczone dietami tkanki pozbawione wody, suche jak wiór, miesiączek nie ma już od dawna, co nikogo nie niepokoi, bo i święty spokój z nimi, a modelka po zakończeniu kariery zapada na zdrowiu, o ciąży mowy nie ma i dramaty już nie są antydramatami. Prawdziwe są. My ich nie widzimy.

Nam się wmawia, że kieca ładniej się układa na kiju, podczas gdy 80 procent kobiet na świecie ma swoje biologiczne krągłości, a bywa, że i nadwagę...

Zbiorowe ogłupianie.

Niestety, nastały czasy, gdy telewizjami rządzą Słupki Oglądalności.

To nowe bożki. Swe ołtarzyki mają w każdej stacji telewizyjnej.

Nie ma już żadnej misyjnej działalności telewizji oprócz telewizji, która trwa.

Nie ma oświaty, edukacji ani kultury. Słupek tego nie lubi. To dla Słupka za trudne pojęcia. Słupek lubi ludycznie i ostro. Żeby się zrechotać i poczuć lepszym od sąsiada.

Mamy czas antykultury – sami, własnoręcznie produkujemy programy o tak żenującym poziomie, że przy nich podwarszawskie szambo jawi się cudnym oczkiem wodnym.

Na żer gawiedzi, czyli publiczności telewizyjnej, rzucani są żywi ludzie – odpowiednio spreparowani przez grupę specjalistów od socjotechniki. Ci antybohaterowie są przekonani o tym, że są gwiazdami, wybrańcami i mają rzesze oglądаczy u stóp. Otumanieni, zmanipulowani, już z narkotycznym głodem popularności, sami idą z radością na rzeź.

Niby w starożytnym Rzymie wypuszcza się ich na arenę i szczuje na siebie.

Reżyserzy i animatorzy owego programu zacierają łapki przy każdej scenie, w której z ludzi tam popisujących się wyłazi kokota, cham, prostak albo idiotka popularis. Normalni – padają w przedbiegach. Z wyjątkiem jednego – cud piękności aktora naturszczyka, który (a niby taki normalny!) dał się wpuścić w straszliwie różowe maliny i tym samym popełnił publiczne harakiri. (Seppuku w Japonii było jednak czymś szlachetnym).

Niestety, życie takich ludzi po programie nie jest łatwe.

Panowie jakoś łatwiej sobie radzą, nie robiąc z siebie już antygwiazdy albo robiąc to do kolejnego oberwania po nosie, kobiety dłużej próbują przekonać wszystkich, że przecież wygrały taki program, to świat musi paść im do stóp!

Świat niestety nie dość, że nie pada, to obśmieje się jeszcze trochę z idiotki, robiącej z siebie dalej idiotkę, i... zapomni jak podły kochanek. Rzuci dla innej, nowej antygwiazdy.

Nie wiem, bo wyobraźni mi brakuje, kto zastąpi nam naszą, już lekko nieświeżą antygwiazdę, która (cytuję kolegę) „na swoje tipsy potrzebuje garażu" i traktuje poważnie pluszowego konia, mając dwadzieścia cztery lata!

Oto inna antygwiazda (z tego samego programu), kobieta niby anioł, o płowych włosach i niewinnych oczach – okazuje się kompletną indolentką w dziedzinie zajęć domowych i publicznie przyznaje bez cienia żenady, że za nią wszystko robi... mamusia! Bo ona wydaje z siebie dźwięki (podobno śpiewa) i gwiazdą jest, więc nie będzie sobie prać majtek ani zmywać talerzyka...

W ogóle owe antydamy dały popis brudu, bałaganu, niechlujstwa tak kosmicznego, że aż trudno w to uwierzyć. Ich sypialnie i kuchnia, salony i łazienka przypominały Nowy Orlean po huraganie „Katrina".

Antygwiazdy życiowe kaleki – niestety czczone przez media.

My, publiczność jakoś nie umiemy zastopować Słupka. On pokazuje, że taka właśnie rozrywka pasuje Polakowi Szarakowi najbardziej.

A ja? Ja mieszkam w antysłupku. Tęsknię za telewizją z oświatą, kulturą i edukacją.

Postanowiłam więc być antysłupkiem całą gębą i zaprzestałam oglądania.

Nie bawi mnie antyrozrywka. Ugrzęzłam gdzieś w prehistorii i lubię dobre filmy, kabareciki pani Olgi i Starszych Panów, słucham dobrej porządnej muzyki od lat, noszącej miano klasyka i klasyka rocka, lubię normalne jedzenie – zupę w głębokich talerzach, a także niemodną dziś grzeczność, uprzejmość i klasę.

Opowiem kiedyś o tym wnukom: jaki fajny był świat przed antyświatem!

Nie będę tylko umiała odpowiedzieć im na pytanie, dlaczego my, Polacy, skoro jesteśmy mądrzy, wrażliwi, myślący i z coraz lepszym wykształceniem, zasilamy Słupek?

A może... Wcale nie jesteśmy? Może potrzebujemy antygwiazd, żeby się poczuć kimś lepszym?

Jak to wyjaśnić wnukom?

O, miejsca na przepis za mało.

Może *antipasti*?

Czyli z włoskiego – zakąski i przystawki.

Śledź w śmietanie? Zimne nóżki?

No, ale to każdy potrafi!

Koreańska zupa ziemniaczana, a po naszemu – kapuścianka na kościach! Wspaniała na zimne dni

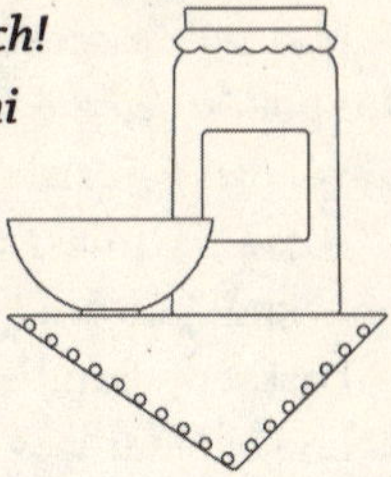

Składniki:

- Kapusta
- Kości schabowe
- Pasta sojowa
- Liście perilli
- Czosnek, dymka, imbir, sezam
- Ziemniaki
- Sos sojowy, sos ostrygowy albo rybny
- Dymka
- Ryż

W Korei nazywa się gamjatang – gdy ją jadłam, uśmiechnęłam się. To przecież nasz kapuśniak ze słodkiej kapuchy – ino że ciut inny!

Potrzebny duuuży garnek.

Kości schabowe zgrabnie pokrojone w kawałki i nie nazbyt obrane z mięsa.

W Korei – sparzone liście kapusty, zwykłej i pekinki, wodorost zielony, liście perilli (roślina podobna do sezamu, w Polsce można hodować latem w donicy).

Pasta sojowa ze sfermentowanej soi i druga mieszana sojowo-paprykowa.

Czosnek, dymka, imbir, sezam.

Aha! I ziemniak. W Korei wystarczy jeden... jak dla mnie, co najmniej kilka :-).

W garnku zalewamy wodą kości i gotujemy, szumując.

Kiście kapust sparzone, rozrywamy wzdłuż palcami, wodorost (potrafi mieć 1½ m) kroimy na cienkie wstążeczki, perillę też kroimy na mniejsze kawałki.

Do miękkiego już mięsa z kośćmi wrzucamy dużą

garść owych liści. Dość gęsto ma być. Upychamy ziemniak i dodajemy po łyżce past sojowych.

Robimy zalewę – siekamy czosnek, imbir, sos sojowy, sos ostrygowy albo rybny – jaki jest na półeczce, i ciut (Koreańczycy dodają łychę wielką) ostrej papryki. Wlewamy to do gotującej się zupy. Pod sam koniec gotowania – dymkę siekaną ukośnie.

Zupa powinna stać na stole na podgrzewadle i stale bulgotać. Osobno w małej miseczce ryż gotowany jak w całej Azji – bez soli. Pojada się to po odrobinie, wyjmując na miseczkę – albo gnat z mięsa, albo zupę z liśćmi, i podjada ryżem albo ziemniaczkiem. Powoli sobie gadając, gdy zima za oknem.

Prawda, że można to porównać do naszego kapuśniaku i postarać się zrobić podobnie, z dostępnych składników? Pasty owe polecam – może są do kupienia w Kuchniach Świata?

Mniłoś

Ograniczę się tu do sfer cielesnych, bo sam tekst o miłości jest o… miłości.

Jest wielu, zazwyczaj wielu frustratów, młodocianych komentatorów na forach internetowych, którzy wypisują takie oto świetlane uwagi o kobietach po trzydziestce.

„Co ponętnego jest w takich starszych paniach”? „Dżizas, babie po czterdziestce chce się seksu? To obrzydliwe”.

Najpierw lekko mnie to złościło – dziś śmieszy.

Młodzieńcy, dzisiaj wyglądający młodo, za kilkanaście lat będą już koło czterdziestki, pięćdziesiątki, z łysinką, brzuszkiem może, kompletnie nie kumają (mając żabie móżdżki), że oni wtedy właśnie będą w szczytowej formie seksu, a kobiety właśnie koło trzydziestu, pięćdziesięciu lat przeżywają swój rozkwit w tym względzie. Później też hormony nie śpią – chłopakom wywijając do upadu, do kompletnego uwiądu starczego. (A wtedy nawet Niebieska nie pomoże.) Niektórzy „wywijają” do dziewięćdziesiątki!

My też możemy, chcemy erotyki, seksu tak długo, jak na to pozwala nasz stan umysłu, emocji i… HTZ.

Miłość nie zna pojęcia metryka.

W krajach, w których mężczyźni mogą ZAWSZE – żadna kobieta dbająca o siebie, po czterdziestce, nie jest dyskredytowana. Pod warunkiem że jest świadoma siebie, ma na buziaku uśmiech i błyszczące oczy. Tam (Włochy, Grecja, Hiszpania, a też Gruzja, Armenia) kobiety darzone są sympatią i komplementami bez względu na metrykę – ze względu na ich… kobiecość, która jest wprost proporcjonalna do męskości panów. Naturalnie w granicach dobrego smaku i własnej moralności.

Przytoczę rozmowę z panem dojrzałym, szukającym partnerki.

– Co, widzę, że młode cię nie bardzo pociągają?

– Ano, nie bardzo, wolę kobiety dojrzałe.

– Leniuszek? Z młodymi trzeba się trochę nagimnastykować, a starszym wystarcza cokolwiek? – podpuszczam go.

– O, i tu się bardzo mylisz! To z młodymi można szybko, ostro i byle kogut to potrafi, a te starsze wymagają finezji!

No! Przynajmniej jeden ze skłonnością do finezji!

Reasumując. Do młodych kogutów, którzy się wstrząsają, źle pisząc, mówiąc (myśląc) o kobietach dojrzałych: Sami staniecie się posiadaczami określonej liczny lat. Wam zegar TEŻ tyka i nie daj Boże, żeby długonoga młódka sarknęła na was czterdziesto-, pięćdziesięcioletnich faciów:

– Stary piernik, seksu mu się zachciewa! Spadaj, dziadu!

Bo padniecie na apopleksję!

TAK podpisał na Naszej-klasie Andrzej swoje zdjęcie z żoną. Sobie siedzą gdzieś w przestrzeni tego świata, na werandzie z winoroślą. Ona wsparta na jego ramieniu, znad okularów patrzy na mnie, znaczy na podglądacza, a on przez okulary spogląda wzrokiem basseta na opakowanie masła roślinnego. Luuubię to zdjęcie i ten podpis.

Andrzej to chłopak koło sześćdziesiątki, a Ala, jego żona, sporo młodsza, śliczna, normalnokształtna, ciepła blondynka. Czemu ja tak lubię te ich zdjęcia? (na profilu Jędrusia więcej takich fajnych).

Dzisiaj będzie o „mniłości" właśnie!

– Marian! – Rok temu natknęłam się na niego przy stoisku pani Krysi, naszej kwiaciarki bazarkowej. – To na walentynki?

Bąknął coś od niechcenia, płacąc za kwiecie.

– No powiedz! Bo mi to potrzebne do sondy!

Wtedy popatrzył na mnie z tym swoim zawadiackim uśmiechem i powiedział:

– A co? Czczę! Obchodzimy, znaczy kupuję, tak! Załapałem amerykańskie święto i co, to źle? I co, że jestem śmieszny, bo za koniunkturką? Że powinno się codziennie? Ale Gośka, to takie przyjemne! Myśmy z Magdą uznali, że każda okazja do buziaka jest fajna.

– To trzeba wam święta do tego? – podkpiwałam dalej.

– A ty, Gośka, myślałaś, skąd taka łatwa adaptacja tego święta na polski grunt? Może my, durne chłopy, wreszcie możemy wyleźć tego czternastego Walentego ze skorupy i bezkarnie kupić swojej kwiatka, majtki koronkowe albo co, bez podejrzliwych spojrzeń? Bo może jest tak, że jak kupujemy bez okazji, to wy z Wenus macie pierwszą myśl: „Co on zbroił, że kwiatki mi kupił?" – bo tak macie, Gocha, nie?

No, chyba ma rację.

Oni są wiele lat po ślubie, a jak on na Magdę patrzy, to mu cieknie miód z oczu...

To zdaje mi się, Gustaw Holoubek, zapytany o walentynki, machnął ręką i powiedział swoim dobrotliwym tonem do pani z telewizji go indagującej.

– Proszę pani, każde święto jest dobre, żeby się przytulić i pocałować!

Racja.

Właśnie dlatego tak lubię patrzeć na zdjęcie Jędrka i Ali, i na ten jego kpiarski podpis – „mniłoś"... Bo, że się kochają – nie mam wątpliwości. Nikt nie ma.

Jędrek ma wiedzę i kondycję młodziaka. Swadę i dowcip, autoironię i ciepło. Alę znam mniej, ale widać, że to wspaniała dziewczyna – gra na gitarze, towarzyszy Andrzejowi we wszelkich tych jego wędrówkach i zlotach traperskich. Taka Ala na pogodę i niepogodę. Na dobre i na złe dni. I on, gapiąc się na ten kubeczek z masłem roślinnym (Ala widać dba o jego cholesterol), wie, że trafił na swój życiowy brylancik.

Za słodko?

OK. No to dokwaszę teraz i oczywiście już się odczepię od tematu: „Walentynki a sprawa polska" – wałkowanego co roku do znudzenia w okolicach połowy lutego. Zamykam walentynki.

W programie „Mała Czarna" przykwasił swego czasu pan Maleńczuk, oj!, przykwasił, mówiąc, że „zakochani po czterdziestce są żałośni".

I jak lubiłam tego zbuntowanego (wydawało mi się lekko na pokaz) pana M., no to w tych wypowiedziach wydał mi się... żałosny.

Tak reagują dzieci na dorosłość, ale nie dorośli...

Moja uczennica w liceum, w którym uczyłam (gdy byłam zaledwie kilka lat od niej starsza), spytała, ile mam lat?

– Dwadzieścia osiem – odpowiedziałam.

– O, matko, jak ja będę już taka sta... – zasłoniła sobie usta, bo załapała, że chlapnęła śmiesznostkę, ale... Ale dla szesnastolatki ktoś, kto ma dwadzieścia osiem lat i męża, i dziecko, to faktycznie zgred, ale dla pięćdziesięciolatka, który przeżył to i owo, i nie jest, zdawałoby się, mdłym moralistą, ma żonę i dziecię, „miłość po czterdziestce jest żałosna"?! Słuchałam tych dziwnych wywodów i coraz bardziej było mi żal Dorosłego Chłopczyka przerażonego dojrzałością.

Nie ma czegoś takiego, co by nie licowało z czterdziestką. Może tylko głupota, niewiedza? Ale miłość?!

Przykwasił... Albo to tzw. „czarny piar", który sobie pan M. funduje.

Koleżanka weszła na portal towarzyski. Wpłynęłam na ocean ludzkich marzeń o... między innymi o miłości. Niestety, po kilku kwadransach czytania różnych wpisów na dyskusyjnych forach tamtejszego „bazaru" znalazłam wiele głosów osób młodych, dyskredytujących głównie... kobiety po czterdziestce jako kogoś, kto już nie zasługuje na miłość! Co za idiotyzm?! Wpisy agresywne i wredne, jak to tylko w necie bywa, bo mają na twarzy maskę Anonima.

Podobnie na innych forach – każda kobieta po czterdziestce to staruszka! O mężczyznach jakby mniej się tam gdacze. Mężczyźni mogą tam sobie przebierać jak w ulęgałkach i żaden smark im nie dogryzie, że jest już za stary na amory, że pora do kościoła, a nie do łóżka, i żeby sobie poszukał krypty itp. Żenujące – co?

A jak kobieta po czterdziestce – wdowa albo samotna (bo rozwiedziona lub w separacji) – to już za stara na amory. Chłop, oczywiście, to co innego.

Taaaaaak? A czemu? – chociaż jeden, logiczny powód?

Pan M. zresztą głównie pastwił się nad mężczyznami właśnie (bo w studiu siedziały trzy kobiety w różnym wieku, więc bał się ataku mioteł, panie zaś patrzyły na niego spokojnie, ciągnąc za język i dając przyzwolenie na piarowski popis starszaka). Zapytany, czy kocha swoją żonę, odpowiadał wykrętnie, meandrując, jakby słowo „tak" nie umiało mu przejść przez gardło.

– Co mu takiemu dolega? – zastanawiałam się, głośno relacjonując córce wypowiedzi pana muzyka, a ona skwitowała to jednym cięciem:

– Andropauza mamo, której się zarzeka jak żaba błota, i straszliwy strach przed byciem normalnym.

Niby przecież on wymyślił „andromantyzm", ale to próba obłaskawiania stracha. On boi się być żałosnym, więc robi, co może, by takim nie być, i to właśnie żałosne jest jak tupecik na łysinie, a nie zakochanie się po czterdziestce!

Pamiętam znakomity i szeroko dyskutowany film pani Ewy Borzęckiej „Damsko-męskie sprawy". Wzruszył mnie i zachwycił.

Rzecz o miłości baardzo dojrzałych osób, nakreślona z odwagą i z... miłością właśnie, do nas samych, jako ludzi w ogóle.

Znam osoby mocno już po czterdziestce i po pięćdziesiątce, które nagle zostały same. Pani, której się wydawało, że „nikt tylko ty" (mąż), po zdjęciu kiru poznaje pana i bucha między nimi uczucie tak duże, że pani zwierza się córce – „Wiesz, nie sądziłam, że będę tak kochała!". Piękne. Do dzisiaj, choć minęło już sporo lat chodzą – dwa sucharki, trzymając się za ręce.

Film pani Borzęckiej o miłości w wieku późnym (niektórzy bohaterowie mają skończoną siedemdziesiątkę i bynajmniej nie są najstarsi) pokazuje, jak bardzo w każdym okresie życia potrzebujemy kochać i być kochani.

Znakomita scena zazdrości kochanków o męża kochanki jest sceną, która mogłaby spokojnie rozegrać się w miłosnym trójkącie trzydziestolatków, a bohaterowie owego romansu zbliżają się do kresu wydawałoby się życia i nie powinni... Właśnie – dlaczego nie powinni?

Skąd tak wielkie potępienie społeczeństwa wobec osób z siwymi włosami pragnącymi tego samego, co młodsi, kochać i być kochanym? Dlaczego uzurpujemy sobie prawo do reglamentowania miłości? Także fizycznej?

„Sypiają ze sobą? Tacy starzy?! Brrr, to obrzydliwe!".

Czemu? Bo nieładne mają ciała? Bo zmarszczki?

Jeśli mózg potrafi generować endorfiny, to co stoi na przeszkodzie? Estetyka?

Pamiętam urokliwą panią Zuzannę, która zwierzyła się odważnie w programie Ewy Drzyzgi, że seksu i radości z niego płynącej nauczył ją dopiero kochanek, po śmierci męża, gdy miała... 50 lat. I że od 30 lat lubi kochać się ze swoim partnerem „który zcałował każdy milimetr mojego ciała i nauczył mnie niebiańskich pieszczot".

Ktokolwiek parska oburzony, zakładam się, że w zaciszu duszy marzy o spełnieniu w miłości (także tej fizycznej). „Kto niewinny, niechaj pierwszy...".

No?

Jędrek i Ala mają swoją „mniłoś"... Mają siebie blisko i codziennie. Mają wzajemną troskę i czułość – siebie po prostu. I żeby to wszystko mieć, żeby był ktoś, kto nam zawsze serdecznie odpowie na zadane pytanie, kto poda szklankę z zębami albo cardiamid i przytuli, trzeba się kiedyś zakochać, nosić kwiatki i wyznawać uczucia, przeżywać pierwsze pocałunki, czuć osławione motyle w brzuchu i „zcałować każdy milimetr ciała" kochanej osoby. Być w zdrowiu i w chorobie, czując radość i bezpieczeństwo, bo jest Ona, bo jest On.

A komu to przystoi? Każdemu, bo „mniłoś" nie ma metryki.

Jedzenie jako dar miłości?

Prawie zawsze. Mamy, babcie kochają, karmiąc – zauważyliście?

Jedzenie może też być uwodzeniem, wyrazem troski, chęcią pogłaskania podniebienia. I nie muszą to być ostrygi uważane za afrodyzjak. Ważne, jak je podajemy drugiej osobie z miłością.

Zdrowy puchar?

Proszę! – Oto on.

Zdrowy puchar

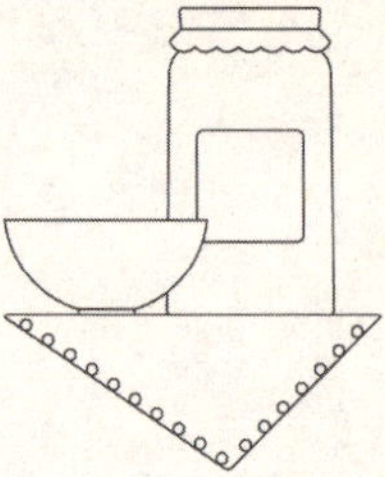

Składniki:
- Banany
- Kakao
- Twarożek waniliowy
- Muesli
- Truskawki

Bardzo dojrzałe banany (po dwa na głowę) zmiksować w blenderze z łyżką prawdziwego kakao. Prawdziwego, a nie żadnej tam choco-cośtam!

Także łyżkę twarożku waniliowego.

Wlać do pucharków i do lodówki! Posypać muesli i ubrać truskawkami. Są już – hiszpańskie i naprawdę nie kosztują majątku. Do tego odpowiedni *entourage* – świece, kwiatek i w zapasie – czułość, serdeczność. To w dojrzałym wieku lepsze od kokieterii – naprawdę.

Kokieterię zostawiamy młodzieży.

Szampan? Jasne!

Po hiszpańsku – podany z kawałkami owoców cytrusowych i kiwi, czyli sangria – cava. Pięknie wygląda i smakuje.

Wklepać krem… czyli bądź piękna na wiosnę!

Odchudzam się od 25 lat. Bezskutecznie. I bez sensu!

I tak naprawdę to chyba nie jest to dla mnie aż tak ważne, skoro nie schudłam, bo uważam, że gdy się czegoś chce tak na 100 procent – można to osiągnąć. Załatwia to MOTYWACJA.

Widocznie moja jest słabiutka, a tak szczerze ze sobą gadając – lubię jedzonko, nie zanadto lubię sporty wysiłkowe, bo się bardzo męczę i zipię, zalewając potem, za dużo spędzam czasu, klikając w klawiaturę, i ogólnie uważam, że polegiwanie szczególnie w hamaku, na kocu wśród kwiecia polnego – lepsze jest od fitnessu. To pewne!

Jak to robią inni, że niby tak uwielbiają się wysilać, nie jedzą ukochanych potraw, które najsmaczniejsze są gdy słodkie, tłuste, kaloryczne, zdyscyplinowani rzeźbią i wyginają śmiało ciało?

Nie wiem... Nie wychodzi mi ten numer.

Mimo to dobrze się czuję w swojej skórze. Może klucha ze mnie, „foczka' jak mawia czasem mój chłopak, podkreślając, jak bardzo lubi mój uśmiech – jak na niego działa, i żebym to robiła jak najczęściej.

Jasne, że staram się trzymać formę dla zdrowia – rower, rolki, pływanie, ale nie szaleńczo, bez tchu, zawsze i wszędzie z lustrem w garści.

„Diabła tam zobaczysz" – sarkała babcia mojej mamy.

Dziś wiele z nas go tam widzi. Diabeł ma wałeczki, zmarszczki, niedoskonałości spędzające sen z powiek. Zadręcza nas i kpi w żywe oczy.

Uczyniłam egzorcyzmy.

Wywaliłam wagę precz. Pooddawałam ubrania w rozmiarze 38. Lustro mam, ale wolę zdecydowanie oczy mojego mężczyzny!

SPRZĄTAM.

Sterta przeczytanych kolorowych. Miałam je oddać koleżankom albo przejrzeć później. Leżały te kolorowe i leżały, zbierały się latami.

Chce mi się dziś sprzątać, jak psu orać... To poczytam, a co tam!

Felieton sióstr Bojarskich o przemianach w gabinecie kosmetycznym. Bez skalpela. O, jaki efekt!

Mam przytoczyć rozmowę na ten temat sprzed lat? Proszę bardzo:

Marian (jeszcze nie miał zakoli):

– Widziałaś? – Pokazał mi to kolorowe, w którym siostry zdają dokładną relację z dermabrazji i innych zabiegów „dla urody".

– Maniek! Skąd to masz?

– Świsnąłem u fryzjera. Gośka?! Wy naprawdę... TAKIE coś?

– Co?

– Kurczę! One tu wypisują takie rzeczy, że mi się wierzyć nie chce, że wy z własnej woli...?!

Prawda. Z własnej!

Myślę, że najgorsze to były czasy, gdy jedyną znaną metodą eksfoliacji było włożenie twarzy (królewny na wydaniu najczęściej) do wrzącego mleka. Jak panna miała szczęście i nie rozwinęło się ropne zapalenie skóry, to po dzikim bólu, złażeniu skóry do cna, strupach i cieknącej chłonce odrastała w końcu śliczna nowa skórka.

Królewna lub infantka dochodziła po niewczasie do wniosku, że to było kompletnie niepotrzebne, bo pakty polityczne zawarto już wcześniej, a ją i tak królewicz zamorski musiał poślubić – czy chciał, czy nie. (Poza tym on bywał często stary i brzydki albo młody i obleśny).

Ostatnio majlowałam Marianowi o tym, co się robi w gabinetach kosmetycznych, bo podkpiwał, że stanowczo zbyt wiele czasu i pieniędzy to nas kosztuje za jakieś „wyrywanie kłaczków i wklepywanie kremików".

Przeżył szok, gdy go uświadomiłam w najprostszych sprawach.

Cytuję:

(...) Marian! To są czasy zaawansowanych technik!

Znane od lat – eksfoliacja lub dermabrazja, czyli złuszczenie starego naskórka do kilku warstw – powoduje, że buziak leciwej pani staje się jak pupka niemowlęcia.

Peelingi – robiono dawniej z mielonych łupinek orzechów, moreli, cukru w drobnych kryształkach. Dzisiaj podobnie. To jednak złuszcza tylko jedną, dwie warstwy, i jest dobre dla młodych buziaków, a na starsze, szczególnie z grubą skórą (ja mam dość grubą) potrzebna jest głębsza robota. Już dawno temu znane były to działania: dermabrazja termiczna, chemiczna, eksfoliacja mechaniczna. Obecnie, zamiast wrzącego mleka stosuje się na przykład laser! Dzisiaj mechanicznie złuszcza się naskórek głowicą z diamencikami (oczywiście syntetycznymi). Jest okrągława, obraca się jak kamień na wiertarce i potrafi zdjąć niezłą ilość martwego naskórka! I nic nie boli.

Wyrywamy włoski z brwi, żeby nadać im ładny kształt, ale nie tylko... Depilatory mechaniczne wyrywają włoski, skąd chcesz. Jest też do tego wosk, na zimno, na gorąco, miękki, twardy, kremy depilujące. Arabki mają bikini ogolone albo wydepilowane na maksa. Także Brazylijki i stąd nazwa ogołocenia, depilacji cipki – „brasil". Od wielu lat ten obowiązek panuje i u nas – żadnych kłaków na kobiecie! (Z wyjątkiem głowy! Znaczy – fryzury). Stąd tortury...

Cellulit. Zmora nasza, chociaż Rubens malował to pięknie na swoich obrazach pełnych obfitokształtych dam. W jego czasach pupy i uda z cellulitem były baaardzo seksowne! Dzisiaj – absolutnie! Urządzenia z podciśnieniem albo jakimiś falami rozbijają zbity kolagen i próbują złagodzić efekty cellulitu. Masowanie ryżo-

wą szczotką, chińską bańką odchodzi do lamusa, mimo że skuteczne, jeśli codzienne.

Najnowsze techniki walki z metryką to toksyna botulinowa (jad kiełbasiany), czyli botoks – obkurczająca powyciągane jak stare skarpety mięśnie twarzy.

Kwas hialuronowy wstrzykiwany w miejsca, w których powstały bruzdy, dołki, wypełnia lwie zmarszczki, także „bruzdy jędzy" albo palacza, wypełnia zbyt wąskie usta.

Dziwię się, że niektórzy sobie likwidują kurze łapki – mnie się podobają, bo powstają od uśmiechania się.

No i fosfatydocholina – ukochany wynalazek młodej generacji. Wstrzykiwany w podskórne warstwy tłuszczu rozpuszcza go, a później limfa powoli ma to usuwać.

Technika „smart lipo" – maleńkie nacięcia w skórze, przez które się wyciska ten rozpuszczony tłuszcz. Kiedyś wstrzykiwano to cienką kaniulą (ok. 10 cm), dzisiaj używane narzędzie wygląda jak wąskie żelazko z wieloma dyszami, które wstrzykują fosfatydocholinę wprost pod skórę. Voilà!

Makijaż permanentny – bolesny, prawda, ale jaki efekt! – to po prostu tatuowanie oczu i ust kolorowymi tuszami, żeby barwy były na stałe. Żeby łatwiej było rano popatrzeć w lustro bez przerażenia.

Napięcie mięśniowe na ciele poprawia się przez stosowanie elektrod z prądem o niskich natężeniach. Leży się pod kocem grzejącym, a ciało dryga, jak podczas napadu padaczki i imituje leniowi ćwiczenia fitnessowe.

Chcesz dalej? (...)

Ten majl przyprawił Mariana o ból głowy.

– To wy... Nienormalne jesteście! Oglądałem film o chirurgii kosmetycznej, te implanty piersi, liftingi, modelowanie skalpelem talii i brzucha... Tyle kasy i bólu?! Wariatki!

Prawda.

Moda, chęć bycia ładną, to straszna autocenzura. Niby nikt nam nie każe, nie ma konstytucyjnego nakazu bycia piękną, a jednak niewidzialny totalitaryzm w tym względzie, bezwzględny i kategoryczny nakazuje nam gapić się w lustro, szczypać po udach i podbródkach i widzieć to, czego nasze chłopaki nie widzą albo mają to na drugim planie.

Mężczyźni (ci mądrzy) sami u siebie dostrzegają działanie lat i grawitacji, więc specjalnie się nie czepiają naszej umykającej urody, i to nie od nich słyszymy głos wewnętrzny: BĄDŹ PIĘKNA! Za wszelką cenę!

W kolorowym pisemku sprzed kilku lat podziwiać mogę Ałłę Pugaczową (lat 60), która za niebotyczne pieniądze zamieniała się (na chwilę) w dziewiętnastolatkę.

Mamy mistrzynie skalpela – Cher, Dolly Parton. Albo słynną Jocelyn Wildenstein, której odbiło chyba już na bardzo poważnie, skoro nakłoniła chirurgów do tego, by zamienili jej twarz w mordkę pumy, kocicy.

Co innego korekta odstających uszu, obwisłego po ciąży brzucha czy tłustego, świńskiego podbródka, który potrafi zamienić każde poranne spojrzenie w lustro w kaźń. (Znam to z własnego...).

Nie jestem przeciwna korektom, ale... „Znaj proporcją, mocium panie!".

Każda z nas chce być piękna – to normalne, ale gdy lustro zasłoni nam resztę świata, gdy zmarszczka, fałdka będzie powodem depresji i awantur, gdy ważniejsze będzie to, co w tym sezonie modne, a nie to, co szepcze czule nasz mężczyzna – to znaczy, że zgłupiałyśmy do reszty!

Ważniejsze od poddawania się inwazyjnym metodom walki z niedoskonałościami powinno być nabywanie urody „od środka". (Nie „zamiast", a „ważniejsze" – napisałam). Pominę, że warto być niegłupią, inteligentną i dowcipną, ale tego nam nie załatwi ani kosmetologia, ani skalpel!

Uroda „od środka" to dobre odżywianie, czyli bez albo z jak najmniejszą ilością konserwantów, porzucenie fajek na stałe i dużo, dużo... błonnika. Też mam na myśli uśmiech – najfajniejszy kosmetyk, najcenniejsza nasza biżuteria, na każdą porę dnia i nocy.

(Do tego konieczna jest większa zażyłość ze stomatologią niż kosmetyką).

W krajach południowych kobiecy uśmiech jest najważniejszym, najbardziej skutecznym afrodyzjakiem.

Wspaniale wypielęgnowane i cudnie umalowane modelki człapią po wybiegach z takimi minami, jakby za chwilę miały do widzów wygarnąć z kałacha (może głodne?), bez cienia uśmiechu – zacięte, naburmuszone, złe.

Wystarczy popatrzeć, jak pięknie uśmiecha się Danuta Szaflarska, Zofia Saretok, Anna Seniuk czy Małgorzata Braunek – niemłode, niereperowane skalpelami, rzadko albo wcale nie poddające się zabiegom najnowszej kosmetyki.

Są piękne!

Nie mam racji z tym uśmiechem?

Dla urody

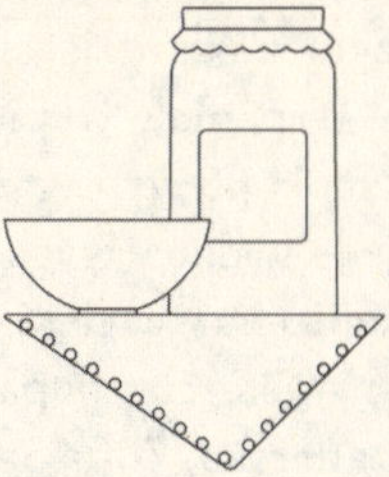

Składniki:

- Szpinak liściasty
- Oliwa
- Czosnek
- Brukselka
- Cukinia
- Bakłażan
- Czerwona papryka
- Wędzony boczek
- Migdały
- Ziarna dyni

Talerz zdrowych warzyw ze staropolskim dodatkiem. Szpinak liściasty lekko rozmrożony lub świeży położyć na patelni, na której w łyżce oliwy lekko rumieni się czosnek. Ugotować mrożoną lub świeżą, ale przemrożoną (traci goryczkę) brukselkę. Zgrillować plastry cukinii i bakłażana. Z czerwonej papryki uprażonej w piekarniku zdjąć skórkę. Warzywa ułożyć na półmisku. Wędzony boczek, a lepiej bekon, pokroić w cienkie plasterki i obsmażyć na krucho. Smalczyk wylać – ale powstałe chrupiące, stopione z nadmiaru tłuszczu skwareczki poukładać na warzywach. Posypać płatkami migdałów, prażonymi ziarnami dyni.

Zaprosić na kolację kogoś najmilszego i zjeść to wszystko, nie licząc kalorii, z bagietką i winem!

Olać udrękę odchudzania.

Uśmiechać się do talerza i do najmilszego (najmilszej).

Jeść pysznie i pięknie żyć.

Życzę tego sobie i wam wszystkim.

O Boże, daj męża

Młode panny bywa, że zastanawiają się, skąd wziąć męża.

A te starsze, BYWA, że kombinują, jak się go pozbyć.

Rozwody są prawie tak stare jak śluby. Przecież bywają pomyłki i rozczarowania. Co wtedy?

Zazwyczaj tkwimy w utartych koleinach, bo są nam znane, a tak strasznie się boimy zmiany i tego CO LUDZIE POWIEDZĄ, że już lepiej dotrwać do.... Właśnie, do czego?

Niejedna kombinuje, kiedy wreszcie nieszanowany małżonek przeniesie się na niebieskie łąki.

Dziś działa jurysdykcja i laboratoria ultranowoczesne, więc niełatwo jest pozbyć się ciężaru zalegającego dniami kanapę, a nocami małżeńskie łoże. Pół bidy, gdy domaga się raz na jakiś czas jakichś karesów, gorzej, gdy chrapie jak pułk carskiego wojska i zionie piwem.

Dawniej natura nam sprzyjała. A to grzybki podałyśmy na obiad, a to beladonna nam w ogródku rosła, naparstnica z kwiatkami jak kieliszki.

Dzisiaj ciężko... Zaraz eksperci coś znajdą w ciele denata, a my zamiast upragnionej wolności dostaniemy dożywocie.

Może dlatego panny, obserwując mękę własnych rodziców, są tak ostrożne z tym wychodzeniem za mąż?

Dialog autentyczny:

– Boli cię?

– Jak cholera! Przewiało na maksa, ledwo się ruszam.

– Weź mydocalm.

– Pomoże?

– I myolastan na noc.

– A to nie to samo?

– Nieee, myolastan zwiotcza mięśnie, lepiej ci się będzie spało.

Po chwili ciszej:

– Pavulonu, niestety nie mam...

No, a ojcowie siwieli przedwcześnie, mając w domu fraucymer! Jak który był babskim krawcem – zgroza... – Marian uśmiechnął się znad kubka z herbatą, którą dostał za zreperowanie myszy. Nie za złapanie. Teraz się nie łapie myszy, tylko reperuje, gdy wpadnie paproch. Elektroniczna mysz nie znosi paprochów, a zwykłe uwielbiają. Ot, czasy!

– Chodzi ci o wiano?

– Jasne! A o co? Który papcio się przejmował, za kogo córcia wyjdzie. Za każdego, byleby się nie domagał za wielkiego wiana. A dziś...

– A ty Marian się przejmujesz narzeczonym córki?

– O, kochana! Sama wiesz, żeśmy brylancik wyhodowali, to byle komu nie będę go na tacy podawał!

I poszedł dumny ojciec córki do domu.

Poczciwy ten Marian. I ma rację – wychowywał, troszczył się... Pamiętam, jak siedział kiedyś w parku z wózkiem, a w nim jego córeczka popisywała się jednym zębem. On patrzył na tego Małego Paszczaka z zachwytem i miód skapywał mu z oczu i ust.

– Królewna moja! – chwalił.

Siedziałam obok z moim synkiem, starszym już faciem – przedszkolaczkiem, i dogryzłam Marianowi:

– A i tak nie dla siebie chowasz, za chwilę przyjdzie jakiś hippis i ci ją zabierze!

– A tobie jakaś lafirynda też sprzątnie syncia, a ja... nie dam! – żachnął się.

– Będziesz musiał. Takie prawo natury.

– Przynajmniej go porządnie przetestuję, zanim oddam!

Marian już „porządnie przetestował” narzeczonego córki. Widziałam, jak obaj leżeli pod samochodem Magdy, jak naprawiali razem płot i jak nad jeziorkiem puszczali wielkiego latawca. Znaczy – porządny ten narzeczony.

Dzisiaj młodzi nie bardzo się liczą z gustami rodziców i gdy im coś nie pasuje, po prostu stawiają na swoim. Panny wynajmują ze swoimi chłopakami lokum i dopiero gdy zabraknie pieniędzy albo zbyt wcześnie rośnie brzuch – walą po pomoc do rodziców.

W Europie, w Polsce do wojny jeszcze porządne wyjście za mąż oznaczało dla panny bezpieczną przyszłość, dlatego siadywały przy fortepianie i śpiewały:

„O Boże, dajmężadajmężadajmęża, daj męża!".

Nie do wiary, co?

Dzisiaj wygląda to zupełnie inaczej.

Po pierwsze, żadnego parcia na męża w miastach nie obserwuję. Czemu w miastach? Bo, niestety, jeszcze na wsiach to jedyna metoda (jak sadzą młode panny) uwolnienia się spod kurateli rodziców, którzy w dobrej wierze, chcąc chronić swoją córkę, nie godzą się na zbyt wielką swobodę obyczajową, która, niestety, szerzy się po „Big Brotherach" i innych tego typu programach jak choroba. Dziewczynki wracające z zabaw i dyskotek, (bardzo, bardzo młode – sama widziałam!) zachwycone, kiedyś Frytką, dziś Saszą czy Jolą R., starają się naśladować ich zachowania i niestety skutki są tego opłakane. Za dużo alkoholu, przyzwolenie na seksualne zaczepki kolegów równie napitych i agresywnych, wulgarne pyskówki – są przykrym krajobrazem w letnie wieczory na polskiej wsi, w małych miasteczkach.

Nadto wyjście za mąż to jedyna okazja, żeby takie dziewczę zabłysło. Ubiorą ją w suknię bezę z welonem i „powiozą windą do nieba". Cała wieś ją zobaczy, cały kościół zamrze na jej ślubie i ONA, tylko ona będzie królową tego wieczoru! Koleżanki z zazdrości pozielenieją, a w kopertach zaszeleszczą lube prezenty... Mąż się spije, ojce i wujki też, ale przecież to ślub, nie? A potem choćby potop! Szara rzeczywistość okaże się bardzo szara, brak wykształcenia spowoduje brak pracy i kolejne ciąże. Mąż – różnie... Nie zawsze okaże się księciem. Widziałam pannę, którą małżonek w dwa tygodnie po ślubie pobił dotkliwie, a ona tłumaczyła koleżankom, zachwycona, że… on tak ją kocha! Smutne…

Ale już w sporych miastach panny się emancypują i nie wchodzą za wcześnie w związki, wydymając usta na kolegów równolatków.

– Mamo! To gówniarzeria! No, co on sobą reprezentuje?

Młoda panna ma wykształcenie, aspiracje i apetyt na życie, a jej równolatkowie nie wyrośli jeszcze z gier komputerowych, nie wiedzą, gdzie w domu stoi pralka i skąd się biorą w szafce czyste skarpetki. Na imprezach spijają się piwem albo red bullem z wódką i potrzebują kogoś, kto by ich odwiózł taksówką do domu i położył pod drzwiami. Niektóre idiotki to robią, ale szybko mają dość.

Dlatego rodziców coraz częściej niepokoi córka, która nie chce i nie wychodzi „za ten mąż", mimo że zegar jej tyka. Nie siedzi, zawodząc dyszkantem „Boże, dajmężadajmężadajmęża", bo mąż jej niepotrzebny jest!

Taki mąż, którego my, matki, nie umiałyśmy wychować.

Coraz częściej ojciec i matka wychowują córkę na odważną i pewną siebie istotę, która potrafi sobie poradzić w życiowych zakamarach życia. Niestety, ten numer nie wychodzi nam z chłopakami.

Czemu?

Ojców w domu mało, bo zapracowani, żeby nastarczyć, więc silna matka pełni rolę Przywódcy Stada, dawno już dyskredytując zarobionego męża, i nie przekazuje syna ojcu w stosownym dla chłopca wieku, jak Piastowi Rzepicha oddała Siemowitka, gdy ten miał siedem roków…

Sama wychowuje – jak sądzi najlepiej.

Najczęściej chłopiec ma wszystko, czego pragnie. Pokój, pizzę, chipsy, modne ciuchy, żeby się nie czuł gorszy od kolegów, i komputer – żeby tak samo… Rower to już żaden cud, samochód powinien dostać w nagrodę za ukończenie trudów podstawówki… Niestety, wiek ma za niski, więc go dostanie za koński wysiłek pt. matura.

Mama zapomina, że wychowuje chłopaka na mężczyznę dla innej kobiety!

Młodzi nie mają więc praktycznie żadnych obowiązków.

Zakupy – nie, bo się biedak nie zna, nie wie, gdzie w sklepie leży masło, chleb, kupi zgniłe owoce albo proszek do prania zamiast wędlin – niech lepiej siedzi w domu. Komputer jest bezpieczny, bo widać dziecko jak na dłoni, a tak, gdyby biegał za piłką lub był podwórkowiczem – wyrósłby na bandytę!

Matka nie pozwala na odebranie rodzeństwa z przedszkola, na wychodzenie z psem ani na wynoszenie śmieci, bo po co, skoro ona zrobi to szybciej i sprawniej? Niech dzieciak siedzi! Przynajmniej się nie spoci!

Ojciec czasem naciska, że może klub sportowy, trochę ruchu, ale zaraz zostaje sprowadzony na drogę oświecenia. – Nie, bo chłopiec ma uczulenie na coś tam albo krzywe stopy i się wstydzi, z WF-u wieczne zwolnienie, więc jaki klub?! I powroty wieczorem to przecież absurd, bo go chuligani zabiją! Ojciec milknie i rezygnuje... Synek ćwiczy klikanie... Wirtual zna jak własną kieszeń, życie jest mu coraz bardziej obce, dlatego gdy idzie na imprezę – wie, że jakaś panna „mamusia" się nim zajmie, gdy zapije i porzyga się biedak.

Koloryzuję? Tylko trochę.

To, niestety, współczesny kryzys męskości. Żadna panna nie siedzi, piejąc o męża, za to matki takich chłopców, kiedy dorosną, owszem. Zastanawiają się, co robić, bo jak długo można takiego niunia trzymać w domu? Sądziły, że taki cud wychowały (wiążąc mu buty do osiemnastki), że zaraz znajdzie się cudna i mądra panna, która przejmie pałeczkę po mamie i zadba o synka.

Mądre panny wolą starszych od siebie – dojrzałych partnerów, ustawionych życiowo i coś sobą reprezentujących ponad to, że je, pije i oddycha. Jak nie – mieszkają we dwie, trzy, i nazywają siebie singielkami. Czasem uprawiają seks z młodym lub bardzo dojrzałym samczykiem, ale bez zamieszkiwania razem albo... sza! Pomysłowość kobiet jest spora!

Nie! Nie jestem stronnicza. Wiem, że są i żeńskie odpowiedniki takich „synków mamusi”. Jak na przykład blond bohaterka programu reality show, która szczyciła się, że nie pierze sobie majtek ani nie zmywa, nie sprząta, bo... nie umie! Mamusia to za nią robi, bo ona w rodzinie robi za księżniczkę. To jest współczesny relikt takiej, która śpiewała o mężu, żeby Bóg jej go dał... Dziś niekoniecznie musi to być od razu mąż!

W Warszawie jest taka kawiarnia w centrum, do której przychodzą samotnie czujący się biznesmeni z porządnym zapleczem finansowym i młodziutkie panienki szukające... „sponsora” (tak to się dzisiaj nazywa). Kawiarnia nieformalnie nazywa się Centrum Adopcyjnym.

Ładnie, co?

Zawsze mnie zastanawia, co będzie, gdy laleczka się posunie w wieku i tuszy... Kto wówczas adoptuje podstarzałą lalkę, skoro niczego, oprócz tego, jak ładnie wyglądać i gdzie robić kolejne zastrzyki z kolagenu, nie potrafi?

Bieda, ale takich, na szczęście, zdecydowanie mało.

Wróćmy jednak do kryzysu męskości. Jak temu zaradzić? Myśląc już na porodówce o tym, że syna wychowuję dla innej kobiety, że on ma w życiu sobie poradzić nie tylko z pracą, ale i z brudnymi gaciami. Każda z nas marzy o silnym, mądrym i odpowiedzialnym facecie – jakaś mama musiała nam takiego wyczarować, to teraz my – czarujmy! Niech się chłopczyk nauczy robienia zakupów, prania, odbierania rodzeństwa ze szkół i zajęć pozalekcyjnych, niech się ruszy zza biurka i posprząta – nawet gdy stroi fochy. Tatuś niechaj z nim reperuje rower albo sprząta garaż – gadając jak chłop z chłopem, bo wyrośnie nam męska lelija, siedząca przed komputerem i po trzydziestce zacznie zawodzić cicho: – Boziu, dajżonędajżonędajżonę...

Z kulinariów dzisiaj jakoś nic mi nie pasuje. Może na początek nauczyć chłopca gotować najprostszą zupę? Po męsku albo – jak kto woli – na szybko:

Przygotować tanią i bardzo wykwintną zupę. Cebulową.

Zupa cebulowa

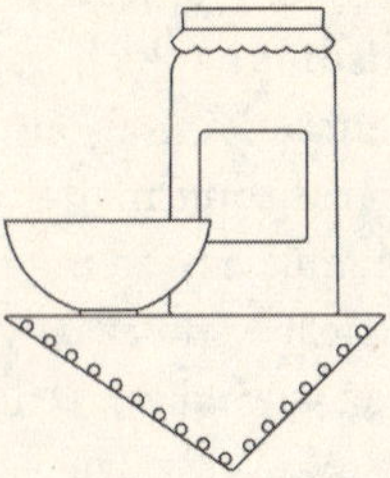

Składniki:
- Cebula
- Olej, oliwa, masło
- Bulion
- Przyprawy
- Cytryna
- Grzanki czosnkowe

Posiekać cebulę (są tacy, co lubią w kosteczkę, inni wolą półkrążki). Jedną dużą na jedną osobę. W garnuszku stopić łyżkę oleju, oliwy i łyżkę masła.

Cebulę zrumienić lekko na tłuszczu (mama przy okazji pokazuje, co oznacza „zeszklić", a co „zrumienić"). Zalać wodą (wersja uboższa). Niepełna szklanka na osobę lub lepiej – bulionem – rosołem z wczoraj lub takim z kostki, znanej firmy, rozpuszczanym we wrzątku – może być bulion cielęcy – baaaaardzo polecam.

Posolić i popieprzyć do smaku i zetrzeć ciut gałki muszkatołowej (przy okazji mama pokaże, gdzie w domu są przyprawy, gdzie stoi tarka), dodać kulkę ziela i listek laurowy – ale to niekonieczne.

Zagotować, kilka minut dosłownie, i dosmaczyć cytryną. (Francuzi słusznie wolą bardzo wytrawne białe wino – pokazać dzieciakowi, że wino służy nie tylko do upijania się).

Kupić/zrobić samemu grzanki czosnkowe, chętnie z serem na wierzchu (jeśli to robimy w piekarniku, pokazać do czego służy alufolia).

Grzanki położyć na talerzu i zalać zupą.

Koniecznie pochwalić – to zachęca do dalszych wyczynów kulinarnych.

Pierwiastek kwoczyzmu

Powtórzę to. Nie lubię, nie znoszę określenia Matka Polka. Kiedyś może i miało to jakieś odzwierciedlenie, ale dzisiaj widzę z mety zaniedbaną, uharowaną kobietę wlokącą za sobą wyprute żyły...

Są tacy, co by mnie załatwili pantoflem za kalanie świętości, ale co to za świętość manipulowana od lat (tysięcy lat) tak, żeby obsługiwać?

Jestem feministką – oznacza to, że żądam dla siebie i innych kobiet szacunku prawnego, politycznego, socjalnego i moralnego. Pełnej, a nie udawanej równości.

To oznacza też szacunek dla mam domowych. Dla kobiet, które w dzisiejszych czasach wstydzą się, że są kobietami domowymi, że wychowują dzieciaki i rotują rosoły. Podobno żadna to kariera. Podobno, bo mam odmienne zdanie.

To, za co nasze rodziny cenią nas najbardziej, to, że jesteśmy spełnione i szczęśliwe, a czy to rola mamuśki domowej, czy bizneswoman (dbającej jednak o dom wespół z mężem czy rodzicami) – to nieważne, bo to tylko sprawa świadomego wyboru i możliwości finansowych.

Najistotniejsze, żebyśmy my – mamy były docenione, żeby nasza praca w domu lub poza nim dawała nam na tyle frajdy, żebyśmy się czuły spełnione – wtedy nie będziemy udręczonymi Matkami Polskami, a świadomymi siebie i swoich walorów kobietami, wokół których zagęszcza się rodzina, z którymi dzieci, mąż rodzice, psy i koty czują się zwyczajnie szczęśliwi.

Niezbędna tu jest aktywność całej rodziny, żeby nie było jak w owym idiotycznym łańcuszku, który przytaczam.

HISTORIA I

To było za moich studenckich lat.

Byłam na półrocznych praktykach rolnych w PGR Łękno pod Poznaniem. Kwiecień? Maj? Nawet jeśli, to wyjątkowo zimny... Dostałam polecenie służbowe od dyrektora pojechać gdzieś daleko po pracownice sezonowe do obróbki buraków cukrowych.

W środku nocy koło 3.00 podjechał po mnie autobus z kierowcą.

Pamiętam, że ogrzewanie szwankowało.

Zwinęłam się pod kurteczką w kłębek i zasnęłam. Jechaliśmy ze cztery godziny. Obudziłam się, gdy już wstało słońce i zbliżaliśmy się do wsi, z której miałam zabrać panie do pracy.

Byłam skostniała z zimna, głodna i jakaś taka wewnętrznie nieszczęśliwa, osamotniona, niewyspana. Zatrzymaliśmy się koło zagrody pani koordynatorki. Zwykłe obejście i letnia kuchnia, bo dom... zgliszcza. Widać – świeże.

Wyszła mi naprzeciw kobieta w średnim wieku, zwykła wiejska gospodyni i szeroko rozłożyła ręce:

– Witam! O, jaka zmarznięta! Chodź, chodź, dzieciaku! Siadaj tu koło pieca, a ja zaraz ci zupkę dam! Pan też zje, co? Ze swoim makaronem! – rzuciła do kierowcy.

– Swoim! O, luuuubię! A jaka zupka?

– Rosołek z mojej kurki! O, widzicie, dom nam się przedwczoraj spalił...

– Ojej! – szczerze współczułam.

Na niewielki stół w tej letniej kuchni wjechały wielkie talerze z górą żółtego makaronu i gar gorącego rosołu. „Mamcia" – jak nazwałam w duchu panią koordynatorkę, była miła, dotykała mojej dłoni, sprawdzając, czy się rozgrzewam.

– Tak nocą, w taki ziąb! – użalała się nade mną, choć sama miała nieporównywalnie większy kłopot – spalony dom! Podziwiałam ją i było mi już tak miło i dobrze!

Wreszcie odetchnęłam. Jakaś obca mama zajęła się mną serdecznie!

Historia II

Byłam już młodą mamą, gdy spędzaliśmy wakacje w ośrodku TKKF Sieraków Wlkp. Poznaliśmy tam Mariusza – trenera, opiekuna dużej grupy młodzieży na obozie pod namiotami, obok naszego ośrodka. Zwierzył się z problemu mojemu synowi, a ten go zaraz przywlókł do mnie.

– Pani Małgosiu, mam tu córeczkę kolegi z pracy – maleńka taka, ma 11 lat, drobna, i widać jej coś... Był lekarz zapisał antybiotyk, a ona nie reaguje. Ma wysoką gorączkę, wymiotuje. Jezu! Co ja mam zrobić?

– Gdzie ona jest? W namiocie?!

– Nie, wynająłem domek...

Biegnę. W domku, w pościeli leży samiutka, mała Calineczka, chora i blada. W kubeczku herbata i obok termometr.

Spędziłam z nią trzy dni, wożąc po lekarzach, zmieniając antybiotyk, doglądając, a zaraz też okazało się, trzeba było się zająć jej starszym bratem – bo też zachorował.

Nareszcie przyjechali rodzice...

Powinni dawać dzieciom serdeczność i ciepło, a nie kazać im być „dzielnymi" na wakacjach pod namiotami, na których mogliby skończyć z zapaleniem płuc. Dobrymi chęciami...

Mariusz za to nie mógł wyjść z podziwu i dziękczynił, i dziękczynił...

– Mariusz. Przestań! To normalne. Pamiętaj, zawsze, jak będziesz miał taki problem podczas opieki nad dzieciakami, poszukaj w pobliżu takiej jak ja – mateczki w średnim wieku. Większość z nas ma w sobie pierwiastek mamusizmu, kwoczyzmu i każda taka ci pomoże!

Historia III

To było dawno temu we Francji. Pojechałam do Reims i tam spotkałam Polkę, Bożenę, od lat już mieszkająca we Francji, bo wyszła za mąż za Francuza, Michaela.

Bożena pokazywała mi miasto i sporo rozmawiałyśmy o życiu.

Mieszkałam w malutkim pensjonacie prowadzonym przez wdowca, zapomniałam, jak miał na imię. W myślach mówiłam na niego Papcio.

Gdy tylko schodziłam z góry, zastawałam Papcia myjącego podłogi. Widząc mnie, zdejmował fartuch, biegł *vis-à-vis* do piekarni i wracał z dwoma croissantami. Parzył mi kawę i podawał rogalika z dżemem i uśmiechem.

Któregoś dnia sytuacja się powtórzyła, tyle że Papcio podał mi kawę, rogala, dżem i piękną różę.

– To... dla mnie? – zdumiałam się.

– Oui! Przecież dzisiaj jest Dzień Matki!

– Ale... Skąd pan wie, że jestem matką?

Papcio pół po angielsku, pół po francusku wyjaśnił mi, że we Francji każda kobieta jest potencjalną mamą i każda dojrzała pani dostaje kwiat – nieważne, czy jest mamą, czy tylko mogłaby być.

Wzruszona opowiedziałam o tym Bożenie.

– U nas tak właśnie jest! – Bożena uśmiechnęła się i pokazała mi palec z ładnym pierścionkiem. – To od Michaela!

Wyjaśnienie: Bożenka, mając szesnaście lat, zachorowała na nowotwór narządów rodnych. Wycięto jej wszystko. Gdy poznała Michaela listownie, była już kompletnie „pusta", bezpłodna, o czym on wiedział, ale gdy poznał ją bliżej, jak dziś mówią „w realu" – pokochał jeszcze mocniej niż w listach. Bożena faktycznie jest uroczą, kulistą kobietą o pięknym uśmiechu.

Sam Michael, rudy i piegowaty, skromny i nieśmiały, też wzbudził moją wielką sympatię. Artysta kowal! Co roku w Dzień Matki daje Bożenie jakieś śliczne cacko, mówiąc: – Bożenko, gdyby nie to choróbsko, byłabyś najwspanialszą matką na świecie!

Sądzę, że w Reims najładniej obchodzi się Dzień Matki, a może i w całej Francji?

– Prawda, Maniek? – pytam Mariana przez telefon,

bo dzwonię spytać, jak tam mu się wiedzie samemu na gospodarstwie. Magda wyjechała z dzieciakami ze szkoły na kilka dni.

– Prawda! Madźka w szkole robi za dyżurną mamuśkę. Lgną do niej dzieciska, bo taka dobra i ciepła. A ja nie lubię, jak wyjeżdża! Patrz, Gocha, tyle lat!

Lubię tego słuchać! Stary koń, związek z wieloletnim stażem, a zawsze, gdy Marian mówi o Magdzie oko mu się świeci, głos bywa, że drży, i nie wstydzi się tego specjalnie. W młodości natrudził się, żeby ją zdobyć, i teraz dba!

– Gośka! – woła Marian. – A przeczytałaś to, co ci wysłałem? Idiotyzm – co?

No. Idiotyzm.

Dość znany łańcuszek z netu. Wysłany ze Stanów, gdzie widocznie też funkcjonuje model Matki Polki. Brzmi tak znajomo! Domowa Męczennica.

Dopisałam swój komentarz i wysłałam do najwspanialszej kobiety – do mojej córki z przestrogą, żeby nigdy nie stała się taką matką.

Mama idzie spać:

Rodzice oglądali TV i mama powiedziała: „Jest już późno, jestem

zmęczona, pójdę spać". Poszła do kuchni zrobić kanapki dla nas na jutrzejszy lunch, wypłukała kolby kukurydzy, wyjęła mięso z lodówki na dzisiejszą kolację, sprawdziła, ile jest płatków śniadaniowych w puszce, nasypała cukru do cukierniczki, położyła łyżki i miseczki na stole i przygotowała ekspres do zaparzenia kawy na jutro rano.

Potem włożyła już upraną odzież do suszarki, załadowała nową partię do pralki, uprasowała koszulę i przyszyła guzik.

Sprzątnęła ze stołu pozostawioną grę, postawiła telefon na ładowarkę i odłożyła książkę telefoniczną do szuflady.

Podlała kwiaty, opróżniła kosze na śmieci i powiesiła ręcznik do wysuszenia.

Potem ziewnęła, przeciągnęła się i poszła do sypialni.

Zatrzymała się przy biurku i napisała kartkę do nauczyciela, odliczyła trochę kasy na wycieczkę w teren i wyciągnęła podręcznik schowany pod krzesłem.

Podpisała kartkę urodzinową dla przyjaciółki, zaadresowała kopertę i nakleiła znaczek oraz zapisała, co kupić w sklepie spożywczym.

Obie kartki położyła obok torebki.

Potem Mama zmyła twarz mleczkiem „trzy w jednym", posmarowała się kremem „na noc i przeciw starzeniu", umyła zęby i opiłowała paznokcie.

Ojciec zawołał: „Myślałem, że poszłaś do łóżka".

„Właśnie idę" – odpowiedziała Mama.

Wlała trochę wody do miski psa i wypuściła kota na dwór, potem sprawdziła, czy drzwi są zamknięte i czy światło na zewnątrz jest zapalone. Zajrzała do pokoju każdego dziecka, wyłączyła lampki i telewizory, powiesiła koszulki, wrzuciła brudne skarpety do kosza i krótko pogadała z jednym z dzieci, jeszcze odrabiającym lekcje.

W swoim pokoju Mama nastawiła budzenie, wyłożyła ubranie na jutro, naprawiła stojak na buty.

Dopisała trzy rzeczy do listy sześciu najważniejszych czynności do wykonania.

Pomodliła się i wyobraziła sobie, że osiągnęła swoje cele.

W tym samym czasie Tata wyłączył telewizor i oznajmił „w powietrze":

„Idę spać". Co też bez namysłu uczynił.

Wyślij dziś tę historię do pięciu fantastycznych kobiet – na pewno będą Ci wdzięczne.

I do mężczyzn – niech się trochę zastanowią. (Nad czym? – dop. mój).

A potem – Idź SPAĆ !!

Córeńko!

Nie będę wysyłać tej historii do fantastycznych kobiet, chyba po to żeby się obśmiały i pokiwały głową z ubolewaniem. Tobie ślę ku przestrodze. Ta kobieta nie umie zorganizować sobie pracy w domu! Za mało wymaga od domowników i rżnie bohaterkę. Nie zdobyła szacunku dzieci i męża, bo nie stawia siebie na równi z nimi. Nie pokazuje im, że powinni się z nią liczyć i włączyć się w pomoc w domu.

Szybko zapadnie na choroby psychosomatyczne, a jak dzieci podrosną, będzie czuła pustkę, bo zabraknie jej osób do obsługiwania.

Nie lubi seksu z mężem, więc kombinuje na sto sposobów, żeby odwlec pójście do łóżka. Za kilka lat będzie płakała u terapeuty, że mąż ją zdradza, że jest samotna i opuszczona. Jako babcia będzie nadopiekuńcza i namolna, bo nie poświęciła sobie czasu na to, żeby mieć własne zainteresowania, hobby, pasje.

Mogę to wysłać tylko jako przestrogę, co też czynię!

Twoja Mamcia

Wszystkieśmy mamy. Opiekujemy się własnymi i cudzymi dzieciakami, gdy trzeba, ale nade wszystko powinnyśmy zaopiekować się sobą. Postarać się o własny uśmiech, komfort i radość z życia. Mieć własne zainteresowania i małe i wielkie radości.

Zadowolone, radosne i wesołe – będziemy sto razy bardziej potrzebne rodzinie niż udręczone, sfrustrowane i smętne Matki Polki z „wyprutymi żyłami".

Mamuśki!

26 maja – Nasz dzień. Nastawcie sobie ulubiony film, może być ten ostatni – wesoły o wesołej mamuśce z muzyką ABBY, i wypijcie szampana.

Inaczej!

Do patery lub kryształowej misy wrzućcie kulki wykrojone okrągłą łyżeczką z arbuza albo z melona albo... truskawki!

Kulki zalejcie... szampanem. Teraz usadowcie się wygodnie i odpalcie film albo zamówcie do domu manicurzystkę. Możecie zaprosić na taki wieczór ulubioną osobę – przyjaciółkę, mamę... męża? Bawcie się doskonale, podjadając szampańską sałatkę, która doda wam wigoru, nawodni, oczyści nerki i spowoduje, mam nadzieję, poprawę humoru swoimi bąbelkami i łatwo przyswajalną fruktozą. Warto pomyśleć o tym, jaką chcecie być matką, kobietą – gdy przyjdzie czas pustego gniazda – bo to czas, gdy dzieci mają swoje, a my – swoje życie. Warto je mądrze zaplanować i żyć pełną piersią!

Ojejku! Zupa cytrynowa!

Masz mało czasu i chcesz na szybko zupę inną niż nieśmiertelna pomidorówka?

Proszę.

Został ci rosołek z wczoraj? Nie? OK, są bulionetki i doprawdy nie ma co marudzić.

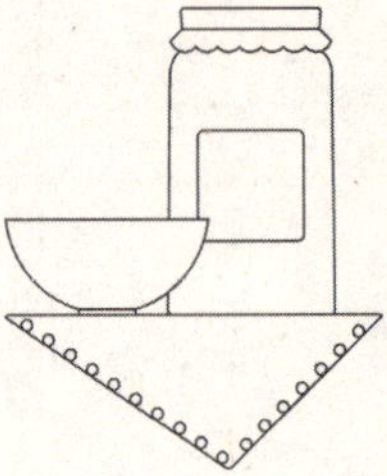

Składniki:
- Rosołek, bulion
- Ryż
- Cytryna
- Śmietana
- Zielona kolendra

W garnuszku rosołek, bulion czy coś takiego. Ryż trzeba ugotować. Jednak ja gotuję osobno, żeby wywar nie przeszedł tym ryżem za mocno. Rosołek, wywar, bulion – zakwaszam cytryną wciskaną przez sitko (pestki), mieszam i próbuję, żeby to nie wyszło za kwaśne. Grecy zaciągają to teraz żółtkiem rozniesionym tym bulionem i delikatnie wlanym na gorącą zupę (nie wrząca – zetnie się). Ja po polsku zaciągam tę zupę kwaśną śmietaną – tak, tak – tłustą!

Najbardziej pasuje mi tu siekana zielona kolendra, ale jak nie – koperek (zacznie przypominać koperkową) albo pietruszka. Tuż przed podaniem – włożyć do zupy ryż i cieniutki krążek cytryny na każdy talerz, miseczkę – dla urody.

BŁĘDEM jest wrzucanie krążków cytryny do zupy podczas gotowania, bo goryczka przejdzie do wywaru i nie zechcą tego jeść.

Nie musi być gorąca, nawet nie powinna, bo to letnia zupa…

Drzewa kwitną...

Pamiętam apteczkę babci Heli. Metalowe pudełko, które bardzo mnie intrygowało – ze strzykawką i igłami. Był też zestaw (brrrrr) do lewatywy, butelka wody utlenionej, butelka syropu na kaszel, roleczka plastra, bandaże i gaza. Opakowanie proszków od bólu głowy, buteleczka bayerowskiej aspiryny kupionej od baby, która dostała paczkę z Ameryki, pabialgina w zastrzykach i witamina C, czyli cebion też w zastrzykach, ale się go piło.

Co dzisiaj zawiera moja apteczka?

Jednorazówki strzykawki się kupuje i już. Więc nie mam.

Zestawu do lewatywy nie posiadam – kupuję kefir i śliwki.

Plastry i bandaże – owszem, i to dużo, skończyłam kurs Ratownika Drogowego i lekarz nam powiedział, że bandaże, gaza, waciki, czyli – jak powiedział: „szmaty do tamowania i zawiązywania" – muszą być, i to dużo. JAKBY-CO.

Pamiętam takie „jakby-co" – szklanką, co pękła, chlasnęłam się po jakieś tętniczce dłoni i krwawa fontanna ubarwiła nasze życie. Zanim znalazłam „szmaty" – było co sprzątać, później lekarz zszywał...

Encopiryna już nie z amerykańskiej paczki, i to specjalna, w otoczce – dojelitowa (czego to nie wymyślą, żeby zgaga nie paliła!).

I... niezbędnik uczuleniowca, czyli współczesne choroby cywilizacyjne:

Ja jestem uczulona na jad osy i pszczoły, więc jest końska dawka wapna i podobno powinnam mieć adrenalinę, fastjekt (czyli epinefrynę) czy anapen (podobne) w zastrzyku na cito. JAKBY-CO. Jejka – nie mam! Uzupełnię.

Córka i synowa uczulone na kurz, roztocza, ale nade wszystko na sierść kota i psa, więc różne tam cirrusy, zyrteki, dyski wziewne i euphilinum i podobnych jeszcze ciut.

Mężczyznom naszym, domowym zazwyczaj wystarcza podczas wizyt (lub bardzicj po) orzcchówka na trawienie, ewentualnie woda spod ogórków, gdy wpadają z tekstem „mamo, byliśmy wczoraj na taaakiej imprezie".

Po sprawdzeniu, że w takim stanie nie prowadził (syn czy zięć, tylko ich kobiety trzeźwe jak niewiemco), podaje mamusia kwas z kapusty albo żureczek, ogórkową, rzadziej rosołek.

Pod tym względem czasy się nie zmieniły.

ZACZYNA się dość niezauważalnie.

Pieką oczy, a do tego zaczyna się też lekki problem z wdychaniem powietrza przez nos. Sądzisz, że może to stan podziębienia? Ale nie masz bólu mięśni, nie ciąży głowa (jeszcze). Gardło jest w porządku. Zrzucasz to na włączone ogrzewanie albo na właśnie wyłączone ogrzewanie. Na cokolwiek, bo nie masz czasu kombinować, co to.

Później, powolutku, po cichutku puszcza śluzówka nosa. Przecieka. Po prostu, co jakiś czas wycieka ci kropla wody na klawiaturę, dekolt, na klapę marynarki, na stół. Ukradkiem ocierasz, ciągasz nosem, olewasz to... Eee tam... takie nic. Przejdzie! A później to już jest tak: górna część głowy, taki „beret" nad brwiami, robi się ciężki jak z betonu i nasuwa się na oczy. W środku mózgoczaszki faluje ciężki, gorący płynny ołów. Nie jest to ból, ale jak się rusza głową, to ta gorąca masa przelewa się niemile niczym wielka kropla rtęci.

Nos. Oooo! To już nie jest twój nos! To jest coś wielkiego i ciepłego jak trąba słonia, a w środku... takie mrowienie, łaskotanie i czujesz, że ta wyściółka, śluzówka – popuszcza! Sączy wodę jak stalaktyt w mokrej jaskini. Jak twarożek, co wisi w szmatce i kapie serwatką... Kap, kap... Non stop! Już nie pomaga pociąganie ani wydmuchiwanie nosa. Zamiast chustek używasz już najdelikatniejszego papieru toaletowego. Jest go więcej i łatwiej się go rozwija niż wyciąga z pudełka. Stoi taka rolka przed tobą i niknie w oczach! A w koszu rośnie ilość wielkich, białych motyli – mokrych w środku... Po południu trzeciego dnia masz już skatowaną śluzówkę tym najdelikatniejszym papierem i... stale cieknie! Jest obolała, starta i czerwona, jak wacek po całonocnym, dzikim seksie, którego było za dużo. Ale... żadnego seksu! Tym bardziej dzikiego nie da się uprawiać z bolącą głową i cieknącą wodą z zatkanego, olbrzymiego nochala-kulfona.

Bo jednak głowa boli!

Łykam coś na to głowy bolenie. Stara dobra aspiryna jest najlepsza, choć w tym wypadku właściwie nie chce pomóc. Nie jej kompetencje!

Biorę kapsułkę witaminy A+E i rozcinam – oliwką ze środka nawilżam skatowane wnętrze nosotrąby. A nad nasadą tego nosa-kolosa czuję już nadbiegłe chmury. Jakby ktoś ci spiął to miejsce klamerką od bielizny. Ciasno jest i kapie ciągle!

Pojawiło się też kichanie, i to okropne, całymi seriami. Zazwyczaj bywa fajne, takie „psik" – milutkie, kokieteryjne, a teraz szarpie wnętrzem głowy boleśnie, wnętrzem oczu, mózgu – też boleśnie i walisz jak z moździerza seriami, parskając dookoła albo w rękaw bryzgami wodnistej wydzieliny.

Ojeja! Jak boleśnie! A jaki wstyd! Rąbiesz te serie jak dziadek Felek po tabace. – Zaziębiłaś się?

– Jaaaaaa? Eee, die („nie" – nie umiesz powiedzieć, wychodzi takie „die"), chyba die, tylko tak mnie jakoś w dosie kręci – mówisz z zatkanym kinolem.

Naturalnie do lekarza nie idziesz, bo co to za sprawa? Doprawdy, małe kichanko! Samo przejdzie! Znajomi sondują: – Zaziębienie? Grypa? (Fuj! Oddalają się, szybko omijają cię szerokim łukiem). Zaczynasz już kombinować: w domu jest najgorzej. W pracy jakby mniej... O co tu chodzi?

Nareszcie trafiasz na wieloletniego znawcę tematu:

– Cześć, o, co to? Kaca masz? Imprezka była?

– Dieeee, to die to, dos mam jak wulkan, cieknie z niego i prycham, ale nic poza tym. Nie bój się, chyba żadna grypa... kaloryfery, jak wyłączą (lub włączą – niepotrzebne skreślić), to wiesz...

– Ty!... Ty... uczulenie masz!

– Do, coś ty! Diby da co?

Tu zazwyczaj nasz interlokutor uświadamia cię mniej lub bardziej kwieciście, że on (ona) to ma, no to i wie! Po postu – wie, że to uczulenie!

– Do ale... da co? – pytasz głupkowato, jakby rozmówca nosił w kieszeni podręczny, kieszonkowy test alergologiczny.

Znawca nas oświeca:

– Nie wiem! Zrób se testy, może coś właśnie kwitnie?

– E, die mam czasu – odparowujesz cios, a de facto odpychasz diagnozę (być może prawidłową).

– Słuchaj... – Ostatnia deska ratunku, przyjaciel lub przyjaciółka próbuje jednak pomóc. – Teraz pylą różne drzewa, tam gdzie mieszkasz może... Zobacz, co by to mogło być? Coś, co kwitnie. O, ja na przykład, cholery dostawałem/łam, jak kwitły brzozy.

Mając wiedzę o pylących brzozach i olszynach, olchach i innych niewidzialnych potworach, jadę do domu wyśledzić Wroga.

Wróg być musi! No, bo inaczej jak? Do bakterii wali się antybiotykami, a do alergenów? Chustki do nosa nie trafiają i nie pomagają. Nawet ulgi nie przynoszą, załatwiają sprawę estetyki – tylko.

Pod domem rozglądam się po okolicy. JEST!!!

Pyląca brzózka sąsiadów! (Już kombinuję, gdzie jest piła łańcuchowa...) Żal mi drzewka. A może to od kurzu i tych tam... roztoczy?! Gęsie pierze? Inne coś?! Udydolić najłatwiej, a jak to nie brzoza?

Nie wiem...! Boli głowa, oczy pieką jednak i łzawią już stale.

O, krople kochane...! Nie pomagają.

Woda z wnętrza nosa spływa już też po gardle, bo zaatakowało całą trąbę i przełyk, i oskrzela piskają przy oddychaniu jak szkockie dudy. Muszę coś z tym...! Podrażniony nos wypłukuję wodą. Znawca poradził. Wypłukuję te alergeny – to przykre dość – wciąga się wodę do nosa i wysmarkuje. Coś jak podtapianie na basenie. Lekko pomaga. Napisałam: LEKKO. Znaczy marnie. Nie widzę na oczy, nie oddycham, tylko zipię, zaraz się uduszę, zapłaczę. Padam na tapczan i chce mi się wyć. Wreszcie zdejmuję kapelusz z głowy. Dzwonię do Mariana:

– Maniek... Mieszkasz koło apteki, kupisz mi coś?

Przyniósł (jak dobrze mieć sąsiada – pisałam, nie?) piguły na udrożnienie nosa i coś z antyhistaminą... Bleeeee. Jednak w alergeny walę z farmacji, znaczy poddałam się...

Marian przysiadł i opowiedział o metodach. Okazuje się, że przerobił to jego wspólnik: Albo, mówi, alopatia – lekarz, leki, czyli antyhistaminy, leki z kortyzonem itp., albo homeopatia (dłużej trwa), albo czary – nieuznawane przez lekarzy, czyli odczulanie w przychodni, która działa w Warszawie od lat i ludzie sobie chwalą, polecając ją sobie pocztą pantoflową.

– Gośka, co ci szkodzi spróbować? Na chemię zawsze przyjdzie pora!

Wolę te czary-mary bez antyhistamin. Porozmawiałam z Magdą, żoną Mariana. Opowiedziała o latach, gdy walczyła z uczuleniami córki – farmakologicznie i o metodach niekonwencjonalnych – akceptowanych w Niemczech, we Francji, a u nas oczywiście – nie.

– Każdy lekarz cię wyklnie, bo nie zarobi na tobie – to jasne! Mnie zwymyślał alergolog od najgorszych, ale córka po tych zbiegach jest już od 12 lat wolna od chemii, od tych antyhistamin i innych, na które wydawałam masę pieniędzy. Non stop, bo te wszystkie preparaty wziewne, pigułki i maści tylko likwidują chwilowo skutki, a te różne czary-mary, kule, zioła etc., proszę – 12 lat spokoju!

– Może to zwykła sugestia?

– Może! Ciężko mi tylko uwierzyć, że sugestii się poddaje roczny bobas, syn mojej koleżanki uczulony na marchew i jajka. Odczulony trzy lata temu, nie ma żadnych problemów po zjedzeniu naleśnika czy zupy na włoszczyźnie. I niech sobie będzie sugestia, byle wyzdrowieć – no tak?

W poniedziałek zapiszę się na te kulki. Brzoza już przekwitła.

Zacznie co innego, kurzy się poza tym i łażą sobie po łóżku te obrzydliwe roztocza. Kupiłam na nie psikacz, ale to jak z komarami – wszystkich nie wytłukę, a mój organizm powinien umieć sobie z tym radzić! Trzeba mu tylko przypomnieć, jak to się robi!

Mój ojciec latami miał straszne zgagi. Kiedyś w parku spotkał pół-Chińczyka.

Jak ponarzekali, pół-Chińczyk polecił tatce „wystudzenie” żołądka. W Chinach nadkwaśność nazywana jest „przegrzaniem żołądka” – sugestywna nazwa!

Nie wolno przez miesiąc (a najlepiej w ogóle przejść już na inne żywienie) jeść mięs, nic smażonego, tłuszczów, cukru, wywarów z kości i mięsa, konserwantów.

Przez dwa tygodnie wyłącznie gotowane lub lekko podduszane warzywa. Żadnego białego pieczywa. Jako skrobię – gotowany ryż. Jest zasadowy. Lub proso. Świeże zioła, mało soli i mnogość warzyw sprawi, że nie musi to być trudna dieta.

Po dwóch tygodniach wprowadzić można dla niecierpliwych ryby.

W różnej postaci – pieczone w folii, gotowane na parze, duszone z warzywami. Ryż i proso. Siemię lniane.

Później można powoli wracać do mięs, ale nie smażonych na tłuszczach. Gotowanych, podduszanych bez smażenia. Jedzenie zdecydowanie zakończyć o 18.00.

Ojciec wprowadził to w życie i skończyły się zgagi, bóle i złe samopoczucie i... leki.

Ja rozumiem – wytwórcy piguł wysłaliby mnie w kosmos albo na stos za podobne wywody. Koncerny farmaceutyczne muszą z czegoś żyć.

Spróbuję czarów. Mam dość słoniowej trąby!

Warzywny wywar znakomicie imitujący rosół

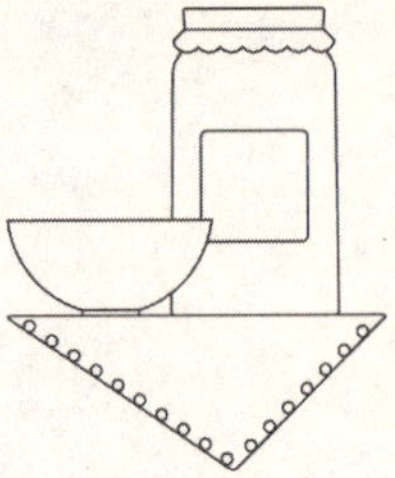

Składniki:
- Włoszczyzna
- Kapusta włoska
- Zioła
- Łyżka ghi
- Maczek krakowski
- Żelatyna
- Twarożek albo jogurt

Podwójną włoszczyznę (obraną) zalać wodą. Można wrzucić suchy grzybek.

Dużo więcej tego jest objętościowo – wiadomo, ale wywaru wyjdzie mało.

Gotować powolutku i długo. Po koniec dodać kawałeczek kapusty włoskiej i pęczek ziół: świeżą łodygę selera naciowego, kilka zielonych łodyg lubczyku, ⅓ pęczka natki pietruszki.

Owinąć sznureczkiem bawełnianym i chlup do wywaru!

Listek i ziele… jak kto lubi, ja nie.

Smaki niestety są niesione tłuszczami, więc po dwóch tygodniach beztłuszczowych można dodać łyżeczkę ghi…

Co to?

Trzeba zrobić masło ghi (Indie).

Stopić masło na malutkim ogniu, aż powstaną bąbelki, zdjąć piankę i zlać żółty płyn, zostawiając na dnie białe kazeiny. Świetnie się to przechowuje i jest pysznym dodatkiem do zup na włoszczyźnie. Niewielką ilość ghi dodać do „rosołku". Podać, jak gdyby nigdy nic – z maczkiem krakowskim ugotowanym na gęsto, wystudzonym na dnie talerza i pokrojonym w kwadraciki.

Z warzyw zrobić auszpik z żelatyną, dodać twarożku albo jogurtu – będzie ładniejszy kolor. Albo sałatkę.

Wsi spokojna?

Jestem urodzoną warszawianką wychowaną w Warszawie, a wieś zawojowała mnie cichutko w dzieciństwie.

Młody człowiek nie werbalizuje, nie zauważa leśnej ciszy, zapachu mchu, kropli rosy wiszącej na koniuszku tataraku jak kryształ Swarovskiego. To przychodzi z czasem, z wiekiem.

Jako dorosła już osoba zapragnęłam życia na wsi z taką mocą, że aż się zaparłam!

Długo to trwało. Straciłam takie ukochane dwa miejsca i teraz mam ziemię pod lasem, własne bajoro i dom w planach, który zaraz się ziści.

Z okien zobaczę długie pastwiska, całe w mgłach jesiennych albo białe zimą, albo skąpane w słońcu – latem. W lesie (moim całkiem) nazbieram jagód i z radością przyniosę na werandę grzyba!

Mogę tak żyć – pracuję w domu .

Anegdota:

Znajoma pojechała z córeczka do letniego domu na Mazurach. Zaraz się zawzięła za kosiarkę, bo podwórko zarosło. Nagle kosiarka zawarczała złowrogo, zakasłała i... wypluła resztki zegarka znajomej. Zsunął się jej z ręki.

Spanikowała.

– O, matko! Zegarek! Co ja pocznę?! Muszę jutro jakiś kupić!

Córeczka:

– A po co, mamusiu?

– No a skąd będziemy wiedziały, o której wstać? Na którą zrobić obiad?

– Co za głupota – opowiadała później. – Co za uzależnienie! Przeżyłyśmy dwa cudowne tygodnie bez zegarka! Słońce mówiło, kiedy wstać, a nasze brzuszki – kiedy obiad! Miejski „odruch zegarkowy"! Okropność.

No... Mimo anten satelitarnych, internetu i telefonii komórkowej wieś to jednak inna bajka.

WYRZUCAŁAM właśnie za okno pająka złapanego do słoika, gdy zobaczyłam Mariana pedałującego zawzięcie.

– Stój! – zawołałam. – Dokąd to w takim tempie? Spocisz się!

– Obiecałem Magdzie, że obejrzymy sobie serial razem!

– Który?!

– „Ranczo"! Cześć, Gocha, no sorki, lubię się zrelaksować, zmęczony jestem, wiesz, że ostatnio miałem huk roboty! Bywaj!

Marian ogląda serial?! Jakiś inny niż ten z irytującym lekarzem? Może chory?

Zaśmiałam się.

Ostatnimi czasy obserwuję dość istotny zwrot zainteresowania Słupka (pamiętacie? Nasz nowy bożek – dyktator, czyli Słupek Oglądalności) tematyką wiejską. Oto w centrum uwagi Słupka mieści się wieś, prowincja. Wysypało nam tej tematyki w serialach i literaturze, i trudno mówić o przypadkowości tego zjawiska.

Ale gdyby tak podejść do tematu analityczno-historycznie?

Kiedyś mieszczuszki dostały wieś od Wyspiańskiego – spoconą, wódczano-weselną, z elementami schizy historyczno-histerycznej. Miastowe rozmawiają tam z chłopami trochę jak gęś z prosięciem, ale i Sprawa Polska jest, i prząśne dziewuchy, i godne chłopy. Prus epatował nas Rozalką z pieca i biednym Jankiem, u Reymonta byli chłopi z gorącymi emocjami, a u Żeromskiego wieś pokasłująca gruźliczo i zgniłe nory.

O niebo piękniej pokazała polską wieś Orzeszkowa w cudnym romansie „Nad Niemnem". Romans i przyroda tam opisana nie mają sobie równych, choć przecież spotkałam wiele osób, które nazywały to (gdy nam to czytać kazano) gniotem nie do przebrnięcia i zaliczały wypracowania dzięki... brykom.

Ten sam los spotkał „Noce i dnie" Marii Dąbrowskiej. Prawdziwie podzielona jest tu na wieś kaszląco-zaropiałą w czworakach, z Olesią „chrobotającą" się co kartka, i na zagony ogrodu Basi Niechcicowej – piękne i dostojnie dojrzewające w słońcu, jak ona sama. Ale mało który licealista był zainteresowany problemami kapryśnej pani Niechcic. Może jakieś licealistki, ale stanowczo uważam, że to lektura dla doroślaków z bagażem. „Mamo, co to za smętna baba!" – srożył się mój syn, gdy łaskawa i mądra polonistka kazała im tylko zaliczyć film. Istotnie – smętna!

Cały czas jednak ta prowincja, ukazywana nam przez pisarzy, nie była pociągająca w żaden sposób. Piękna natura – tak. Wieś jako taka – nie, bo zbyt biedna, prymitywna, pijana i brudna. Chełmoński czy Malczewski pokazywał jej piękno i bajkowość, ale nie zachwycało to narodu na tyle, by się urywać z miast i gnać na wieś. Wakacje mieszczuszki spędzały „u wód" albo na letnisku w letniakach. No, w ostateczności na folwarku u wujostwa.

Po wojnie lepiej nie było. Wieś trzepotała na sztandarach i przecudnie układała się na ustach ówczesnych dygnitarzy, którzy bleblali o niej, jakby jej na oczy nie widzieli. Obietnice, fantasmagorie i dostawy obowiązkowe. Znacie? Znamy.

Naszą uwagę od tego odwróciła znakomita komedia „Sami swoi" – z jej kontynuacjami, na której polska prowincja śmieszy, bawi i rozczula udatnie, jak i „Wiosna, panie sierżancie" – filmik ładniusi i słodziusi jak landrynek.

To już czas, gdy zaczęliśmy jeździć masowo na letniska zwane wczasami pod gruszą. Zazwyczaj z biedy, bynajmniej nie z uwielbienia dla niezbyt dobrych warunków bytowo-rozrywkowych, ale byli tacy, dla których liczyła się cisza i ryby w rzece, łódka na jeziorze, spanie na sianie i ziemniaki ze zsiadłym mlekiem. Na takie wakacje mogłam liczyć zawsze. Moi rodzice ukochali taki sposób odpoczywania! Na wczasy z FWP, na kurorty nie stać nas było, a i mama z ojcem woleli prześnie, zwyczajnie.

Mama nauczycielka zabierała mnie i psa oraz ojca na białostocką wieś! Jadłam najchętniej ziemniaki świńskie (ku oburzeniu gospodyni), biedne zupiny, pajdę chleba z coloną słoniną, popijałam mlekiem od krowy i po obowiązkach w zagrodzie – hulaj dusza! Pola, rzeczka, lasy – nasze! Cudny, beztroski czas!

Mniej więcej wtedy Jan Rybkowski poczęstował nas doskonałą ekranizacją „Chłopów". Cały czas jednak ta pokazana wieś to słoneczko i lasek, miedza, Żyd z wódką, awantury o schedę i erotyka na sianie (znakomita Emilia Krakowska!).

W tym samym czasie w literaturze znienacka tąpnęło! Edward Redliński napisał „Konopielkę", którą czytaliśmy sobie na głos, znaliśmy całe fragmenty na pamięć, mówiło się konopielką – z zaśpiewem białostockim. Jednak była to wieś jak moja wakacyjna – daleka, prymitywna, śmieszna. Jak skansen.

Za tym poszedł „Awans" i „Kogel-mogel" – filmy ośmieszające wieśniactwo. Mało udane.

Mogliśmy jeszcze się zachwycać najwspanialszym epickim obrazem wsi przedwojennej w „Brzezinie" ('70) i... „Pannach z Wilka" ('79) – w którym Andrzej Wajda i operator Edward Kłosiński dali mistrzowski popis sztuki reżysersko-filmowej.

Sądzę, że wszyscy jęknęliśmy z zachwytu – jak pięknie nas epatowali urodą naszej własnej wsi! Do dziś te filmy stanowią dla mnie wzór do Sèvres – jak się filmuje prowincję, lato na wsi.

Po tej sielance musiało coś nas zaszokować. Nienacki! Wyskoczył ze swoją powieścią skandalizująca (mecyje!). „Raz w roku w Skiroławkach". Oj, działo się, działo! Oj, zaszumiało, bo seks w niej pokazany był prosty, taki jaki jest między normalnymi ludźmi. Są ludzie, jest i erotyzm! Nie zawoalowany, nie w domysłach, a po prostu – po ludzku soczysty – lubieżny u doktora Niegłowicza, prostacki u Widłągowej, tragiczny... sza! Nie będę zdradzać tym, którzy nie czytali. Co za barwny opis wsi! Już tej wymieszanej z przyjezdnymi, już nie pszenno-buraczanej, skansenowskiej, ale takiej, jaką ona była wówczas.

Już artyści zasiedlali żwawiej Krzyże na Mazurach i Narty, w Zakopanem zrobiło się znów rojno od miastowych uciekinierów, w Kazimierzu i pod, bo prowincja zaczęła być modna szczególnie dla artystów.

Wieś postawiła na turystykę!

No i... dostaliśmy wreszcie „Siedlisko" – kultowy serial z naturą, pięknem i dobrocią w rolach głównych. Niezapomniana

Anna Dymna i Leonard Pietraszak, a też i Stanisława Celińska. Zaczęliśmy tęsknić za taką wsią!

Dzisiejszy zachłyst wsią i tematami z nią związanymi jest oczywisty. Co drugi serial dzieje się gdzieś w Polsce – a to na wsi, a to w miasteczku mniej lub bardziej smętnym.

I już nie jest prowincja skansenem, wieś jest barwna i wymieszana, także miasteczka nie śpią. Miesza się tu nostalgia z nowoczesnością. W realu i ...na ekranie.

Prześmiewcy szydzą z takiego obrazu. Że to sztuczny twór, że pijaki spod sklepu tacy wymuskani, a kobiety coś za ładnie wyglądają i mówią. Bryczki (czytaj – samochody) mają za ładne... Co za stereotyp! Dzisiejsza wieś jest już inna i mozaikowa. Chłop nie zawsze w filcokaloszach i niekoniecznie siorbie nosem, a kobiety już bez chustek na głowie, nie zaciągają jak Zabużanki. Tu i miastowe się przeprowadziły i internet działa, i dekodery. Miejscowe quadami się rozbijają, jak kiedyś junakami, i oglądają „American Idol" albo sport na satelicie.

Nikt tylko nie chce pisać książek ani scenariuszy filmowych o osiedlach popegeerowskich, które są i powinny jeszcze długo być wyrzutem sumienia PSL-u, który radośnie paradując w chwale tych, co wespół w zespół obalili z papieżem komunizm, niczego z tymi osiedlami, ludźmi tam mieszkającymi zrobić do dzisiaj nie umie. Wiele wykrzykują, ile to wydrą Unii dla rolników, ale nic nie mówią o tym, jaki mają pomysł na osady popegeerowskie, gdzie smutek, nędza i beznadzieja jest jak w piosence Przybory:

Płacze dzieciak, wyje psina,
Gdzieś ktoś kogoś czymś zarzyna –
Taka gmina.
Jaki powód, czyja wina,
Czy to skutek, czy przyczyna –
Taka gmina?
Tylko urżnąć się na chrzcinach
I wziąć zwiać do Wołomina
Taka gmina.
Taka gmina!

Życzę PSL-owi długich i owocnych wyrzutów sumienia!

Mimo wszystko prowincja ma teraz fantastyczny czas i piar.

W statystycznej wsi są porządnie pracujący rolnicy (ci bogatsi), sporo tych, co na zasiłku, tacy, co kombinują na lewo lub przerzucili się na handel, oraz przyjezdni – osadnicy i letnicy.

Agroturystyka święci triumfy większe niż kiedyś Złote Piaski. Tu miejskie dzieciny wybałuszają oczy, ciągnąc żywinę za ogon:

– Mamo! Patrz, jaki piesek!

– To koza Dawidku (Alanku, Xavierku, do wyboru do koloru inne cudaczne imię bachorka). Nie ciągnij jej za ogonek, bo masz alergię!

W agroturystyce dzieciak się przekona, że jajka są od kury, a nie z Biedronki, a mleko z krowiego cycka, a nie z kartonu. Bywają pensjonaty doprawdy bardzo wymuskane i eleganckie, w cenach europejskich, bo warto zapłacić za atrakcje niespotykane w markowych hotelach i jedzenie najwyższej jakości.

Wieś dzisiejsza jest bardzo różna od niegdysiejszej, a pokazywana dzisiaj budzi zdumienie i niedowierzanie mieszczuchów.

Już nie hodujemy w sobie obrazu wsi z Wyspiańskiego.

Normalne, że weterynarzem wiejskim może być Malijczyk, pod lasem mieszka Znany Pan Aktor, co hoduje konie, za płotem w drewnianym domu Holender, który u nas sobie uwił rodzinne gniazdo i uprawia ziemniaki dla sieci znanych restauracji, a po sąsiedzku z Kowalskimi zamieszkali amerykańscy amisze, unowocześnieni, bo jeżdżą samochodem, mają żarówkę i płacą kartą. Czasem się znajdzie dziwak, co zakłada w stodole… teatr!

Dzieciaki wiejskie wolą siedzieć (niestety) przy komputerze, telewizji, niż szaleć (jak ja kiedyś) – nad rzeką, na starych bunkrach czy pastwiskach.

Prowincja pokazana w serialach pokazuje te zmiany i dziwnostki, które się nam w głowach nie mieszczą.

Może głowy mamy za ciasne? Może za mało bywamy na wsiach? W miasteczkach?

Może zbyt powierzchownie traktujemy to słowo „prowincja", nie kontemplujemy, nie wnikamy w nią dzisiejszą, żyjąc stereotypem?

Powiem za Mrożkiem:

Na prowincji ograniczoność miejsc, ludzi, szczegółów, ich względna, ale jednak stałość – bo wymienność i zmienność są na tyle powolne, żeby dawać wrażenie stałości – umożliwiają obserwację, koncentrację, kontemplację. Ba, nawet zmuszają do tego. W Metropolii wszystko jest przypadkowe, dorywcze i pośpieszne, zaś ilość ogłusza. Ilość i pośpiech nie są przyjaciółmi artysty.

Dlatego artyści kochają prowincję. Ludzie zmęczeni miastem i nieprzystosowani do miejskiego tempa uciekają na wieś, zasilając ją świeżą krwią, pomysłami. Sami mieszkańcy prowincji odnajdują na niej więcej źródeł satysfakcji, pól do działania, niżby znaleźli w dużych miastach.

Dzisiejsza wieś zaskakuje i zadziwia.

Ja zdecydowanie uciekam z miasta. Potrzebuję zwolnionego tempa, leśno-polnego hałasu natury. Stąd lepiej widzę to, co opisuję. Jako pisarka też stworzyłam współczesny portret wsi... Prawda! I jeśli mi ktoś zarzuca, że koloryzuję, upiększam – znaczy nie zna prowincji, ma obniżoną wrażliwość, kłopoty ze wzrokiem, czy co...?

Kulinarnie krótko i po naszemu:

Ugotować ziemniaki i polać je skwarkami ze słoniny, oprószyć koprem. Usiąść na werandzie z miską ziemniaków i drugą – ze zsiadłym mlekiem. Prawdziwym, ze śmietaną na palec i kwaskowatym aromatem, co szczypie w nos. Pojadać wolno, z zachwytem. Nic nie smakuje mi tak latem. A kalorie? Wyrzucać łyżką na podwórko – kury zjedzą!

Zapomniane szare renety jako dodatek do pieczeni

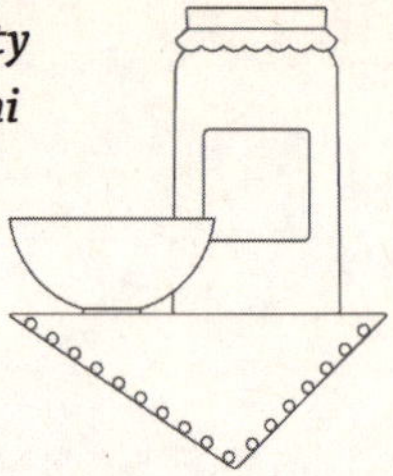

Składniki:
- Szare renety
- Borówki
- Żurawiny

Znakomite to i zapomniane – jako pyszny dodatek do pieczeni wołowej albo indyka. Do wieprzowiny – gorzej. Wieprzowina lubi dodatki ostrzejsze.

Kupić na targu szare renety, takiej średniej wielkości, i borówki, żurawiny – takie zesmażone jesienią. Do mięsa – z małą ilością cukru.

Jabłkom ściąć „czapeczki” i wydrążyć delikatnie, żeby nie zrobić dziurki. Zostawić po bokach miąższ – pyszny jest.

Żurawinę czy borówkę włożyć do jabłek i włożyć do piekarnika na powolne dopiekanie. 180 stopni i tak z pół godziny. Warto zrobić o jedną porcję więcej – a nuż się rozpadnie, i co wtedy?

Podawać z pieczonym drobiem lub wołowiną.

Moja wolność, twoja wolność

Cisza. To dość pierwotne zjawisko. Życie prenatalne to miła cisza i powolne oswajanie się z odległymi dźwiękami. Dopiero po narodzinach uczymy się życia w świecie dźwięków. Niestety ostatnio za intensywnych.

Wszyscy akustycy, którzy już stracili słuch, ustawiają dźwięk na koncertach czy nawet w teatrach muzycznych – za głośno. O wiele za głośno.

Cierpiałam w warszawskim Buffo. Zamiast delektować się pięknymi piosenkami – kuliłam się wewnętrznie, bo dźwięki waliły we mnie jak w bęben, a uwaga zwrócona obsłudze nie spowodowała żadnej reakcji. Wyszłam na taką, co mękoli, czepia się.

Podczas przerwy właściwie wszyscy narzekali na to samo.

Nie pamiętam czasów przedwojennych z przyczyny naturalnej, mam dopiero 53 lata, ale wiem od ciotek, babek, że w kabaretach nie było wzmacniaczy, a jak już były to bardzo stonowane i słychać było nawet lekką zadyszkę aktora.

Dzisiejsze imprezy są głośne chyba dlatego, żeby zagłuszać naszą wewnętrzną ciszę, bo na nich pogadać się ... nie da. Więc ludzie oduczają się ze sobą rozmawiać na imprezach.

Dlatego ja... nieimprezowa jestem od dawna!

Przypomina mi to żart z dawnych lat:

Jeden motocyklista zbliża się do drugiego i woła:

– Ty! Błotnik ci się telepie!

– Coooooo?

– Błotnik ci się telepie!

– Nie słyszę, bo mi się błotnik telepie!

Już się na powrót, jako dojrzała osoba, nauczyłam ciszy, dlatego napisałam ten tekst. O szacunku dla ciszy. Nie tej całkowitej, ale takiej, żeby było słychać muzykę, szelest liści, ptaszka, moje i Twoje słowa.

DZIEWIĄTA rano. Kazimierz właściwie śpi jeszcze. Właściwie, bo nieliczni już wstali, ale ci, co prowadzą tu nocne życie (no, a po co się tu przyjeżdża, szczególnie na Festiwal Dwa Brzegi? Atrakcje od rana do ciemnej nocy!) dosypiają, bo zapewne polegli wraz z nadchodzącym świtem.

Jednak ja już na porannym spacerniaku, brzegiem Wisły. Co za powietrze!

Kryształ! Piękny widok, niebo aż kiczowato błękitne i leciutki wiaterek. Bosko jest, więc idę sobie, uśmiechając się do własnych myśli.

– Haliiiiiinaaaaaaaaaaa! Ty patrz! Tu stojom!

Przed sobą widzę rodzinę. Też wcześnie wstali! Idą na statek. Pan odsadził rodzinę o jakieś dwadzieścia kroków, bo szybki jest i podniecony jak mały, i się drze tak, że go słychać na całym nabrzeżu. Informuje swoją Halinę, że statki stoją, mimo że ona też je widzi. Mało tego, dalej się drze do niej, że zaraz wsiądą i że jest suuuuuper. No, nie?

Nie, kołku jeden. Twoja radocha, misiu, nie musi być radochą wszystkich!

Poprzedniego dnia podeszłam w hotelu do recepcji. Recepcjonistka na chwilkę dokądś poszła, ja czekam. Z podziemi, z restauracji wychodzi elegancka *lady* na obcasach. Staje koło schodów i gapi się w dół. Czeka. Na kogo? Ano zaraz się dowiemy. WSZYSCY.

– Miiiiichaaaaaaaaał!

Wydziera się głośno, bo ma warunki głosowe. Widać, że ten sport ma już opanowany, bo żadnej żenady i doskonale wyrobiona modulacja.

Michał też widocznie wytresowany już i wie, że za pierwszym razem nie musi odkrzykiwać – cierpliwa jest. Istotnie. Pani stoi i czeka, i po chwili znów jej groźny ryk rozrywa hotelowe *foyer*:

– Michał, Miiiiiichał, no żesz...!

Michał wreszcie odzywa się z podziemi:

– Idę, no...

Stoję zdumiona (mimo lat, które przeżyłam, stale mnie takie prostactwo zdumiewa!), bo po *lady* nie widać cienia zakłopotania! Żadnego na mój widok, przepraszam czy *sorry*. Jakby była u siebie! Sapie i ja już widzę, jak mężowskie lekceważenie potężnie ją wkurza, widzę, że nadciąga nowa fala – bo przecież *lady* nie zejdzie z powrotem na dół do restauracji skarcić męża za niesubordynację, po cichutku. Ona stąd, ze szczytu schodów, wobec całego świata musi mu pokazać, kto tu rządzi. (On to robi z dołu – olewając ją całkowicie).

Teraz głośno, donośnie i bardzo groźnie:

– Miiiiiichał! No chodźże tu zaraz, do cholery jasnej!

Z dołu po długiej chwili, na spoko:

– Dopiję piwo i idę, nie drzyj się (!) – słyszę męski głos z czeluści.

Wkurzona pani, stukając znacząco szpilkami, wchodzi na półpiętro, dysząc wściekłością i zemstą. Oj, oberwie się panu... Może przywykł? Może lubi się tak z panią droczyć? Może, ale ja i inni goście hotelowi nie muszą, do licha, uczestniczyć w ich rozgrywkach małżeńskich.

Mama mnie nauczyła nie wtrącania się. Zresztą co bym osiągnęła? Temperatura wrzenia *lady* jest bliska eksplozji – napyskowałaby mi zapewne, że to nie moja sprawa czy coś równie miłego.

Istotnie, to nie moja sprawa – ich zachowania godowe, prostaków nowobogackich. Nowobogackich, bo ludzie z wieloletnią tradycją dobrego obyczaju, z resztkami chociaż „błękitnej krwi", czyli kultury i klasy, zachowaliby spokój w miejscu publicznym i problem z mężowskim posłuszeństwem zanieśliby do zacisza pokoju hotelowego.

Inne miasto, inny hotelik – mały i miły. Pozornie.

Jestem z pewnym zakłopotaniem poinformowana przez obsługę, że wieczorem odbędzie się tu stypa, więc sala restauracyjna będzie zamknięta dla gości – mogę dostać kolację do pokoju. OK. Taki lajf, ale i jaka troska o gościa!

Dobrze, że nie wesele, bo planuję późny powrót ze spotkania, a chciałabym się wyspać przed podróżą.

Wracam wystarczająco późno, stypa się kończy, bardzo ciepło wspominający nieboszczyka właśnie się czule żegnają, nakropieni już, aż miło.

Kładę się spać.

Bladym świtem podskakuję na łóżku – muzyka rżnie do ucha radosnym rockiem! O, rany – co to? Dalsza część stypy?! Jakaś miejscowa radiostacja nadaje amerykańskie hity. *Soobwofery* basują mocno. Łups-łups.

Szlag! Co to jest?!

To przemiła obsługa hotelowa przyszła rano ogarnąć po stypie! Wyspani wstali raniuśko z kurami i oto są! Młodzi i chętni do sprzątania, umilają sobie ten poranek muzyczką, którą rozkręcili na maksa! NIKOGO to nie żenuje, jestem w hotelu ja i jeszcze trzy osoby – tylko, ale jednak!

Dzwonię do recepcji. Długo czekam na zgłoszenie. Pani jest ledwo miła i obiecuje, że ściszy. Patrzę na zegarek kontrolnie, bo może się czepiam? Może to pora wstawania? Jest piąta. Muzyka zostaje ściszona do połowy, a i tak ją słychać. Próbuję jeszcze zasnąć. Kołdra na głowę... No, może się uda?

Po chwili na moim piętrze zaczęła pracę pani pokojowa starym odkurzaczem, pracującym jak sieczkarnia polowa. Pani jest porządna, więc obstukuje ściany jak alfabetem Morse'a... Szlag! Co za milusiński hotel!

Nauczona tym doświadczeniem, gdy tylko mogę, proszę o jakiś ciut lepszy, z podstawowymi zasadami panującymi w tego typu porządnych miejscach, ale nie, już chyba nikt z obecnych hotelarzy średniej klasy nie stosuje zasad *savoir-vivre'u* wobec nas – klientów, które obowiązują w miejscach, gdzie chcemy wypocząć.

Zazwyczaj potrzebujemy ciszy, więc w dobrych hotelach panie pokojowe poruszają się bezszelestnie i taki też mają sprzęt. Odkurzanie zaczynają po dziesiątej – w pustych pokojach, a na korytarzach jeszcze później, i nie drą się jedna do drugiej pod moimi drzwiami o siódmej: „Janka, a Krysia to będzie dziś?".

OK. Czepiam się?

Restauracja porządna na oko, więc zasiadam z przyjaciółką, z którą od lat się nie widziałam, bo mamy omówić jakiś jej problem albo z panem redaktorem na przykład umówiłam się na wywiad, rozmowę, cokolwiek. To miejsce publiczne dla mnie, dla ciebie, dla nas.

Mama mnie uczyła, że w takich miejscach powinnam zwracać uwagę na to, czy swoim zachowaniem nie mącę komuś spokoju, na przykład za głośnymi komentarzami, śmiechem...

„Twoja wolność kończy się tam, gdzie zaczyna wolność drugiego człowieka".

To prosta ogólnoludzka zasada, którą powinno się wpajać każdemu – żeby zawsze umieć znaleźć granice, poza którymi zwyczajnie wdzieram się komuś w jego przestrzeń. To się kiedyś nazywało kulturą, taktem i doprawdy nie przeszkadzało w wyrażaniu uczuć, nastrojów itp. Robiono to ciszej, dyskretniej.

Dzisiaj nikt owej definicji nie zna, więc i nie szanuje mojej prywatnej przestrzeni. Gdy obok w knajpie siedzi zanadto rozbawione towarzystwo, a ja z przyjaciółką mamy podły nastrój, bo wracamy z pogrzebu naszej koleżanki, albo omawiamy jej rozwód czy coś równie smętnego – to razi nas rżący głośno facet, który właśnie opowiada kumplowi dowcip o blondynce, razi za głośna awantura małżeńska albo w ogóle zbyt głośne komentarze kogoś, kto uważa się za centrum wszechświata. „Nie podoba się? To niech se pani idzie na dwór!"!

Najgorszą jednak obecnie kategorią są dzieci. Mają prawo być z rodzicami – oczywiście, ale też miło by było, gdyby oni uczyli swoje dzieci tego, że wkoło są inni ludzie, niekoniecznie spragnieni podziwiania umiejętności dzieciątek, które najpierw dają popis niechęci do potraw proponowanych im z uniżoną cierpliwością, a później pokazują, czego potrafią dokonać przy stole w kwestii zademonstrowania nam całkowitego braku manier. Nie potrafią siedzieć – zazwyczaj rozwalone na krześle w buńczucznej, niedbałej pozie, mlaszczą i plują albo wypluwają to, co zidiociała mamusia próbuje im włożyć do skrzywionych ust. Wrzucają sobie nawzajem solniczki do szklanek z coca-colą i doprawdy doskonale się bawią do czasu, gdy zirytowany ojciec musi nawrzeszczeć, a my obok – odsłuchać inwektyw. No doprawdy, bosko jest!

Naturalnie pominę te dziecięta, które radośnie biegają po takiej restauracji, zaglądają mi do talerza i chowają się pod stół, przy którym siedzę. No, rozkoszne, doprawdy! Lubię dzieci, ale takie akurat to wstrętne bachory, niewychowane przez swoich głupich rodziców, których niestety głupi psychologowie wpędzają w jakieś kompletnie idiotyczne teorie bezstresowego rozwoju, za które już niejeden siwy profesor publicznie przeprosił i udowodnił, że to ślepa uliczka, że dzieci trzeba wychowywać, stres to zwyczajna rzecz, z którą spotkamy się i spotykać będziemy do końca naszych dni, a maniery, czyli kindersztuba nigdy jeszcze nikomu nie złamały charakteru.

Kiedyś na widok dziecka ludzie się uśmiechali, bo zazwyczaj było nauczone owych manier, siedziało grzecznie i jadło lody, uśmiechnęło się lub po prostu roześmiało. Ot, miły dzieciak. (Z wyjątkiem okropnych Małych Dyziów, których dziś są już miliony). Dzisiaj na widok dzieci kurczymy się z lęku – co zmalują? Oplują? Nawrzeszczą? Nie dadzą spokojnie pogadać, bo mają ADHD?

Będziemy w przedziale, w restauracji, w miejscu publicznym świadkami scen z filmów o Groźnej Niani? Brrr!

Znajoma mówi o takich – Dzieci Wampiry. I słusznie!

Co się z nami porobiło? Czemu nie szanujemy się nawzajem, żądając dla siebie owego szacunku głośno i dobitnie? Gdzie się podziały mądre mamy i babcie, tłumaczące swoim pociechom, że głośne, ostentacyjne zachowanie jest cechą prostaczą, a nie, jak się nam wmawia – okazywaniem niespętanego charakteru?

Gdzie klasa i takt?

Kulinarnie...? Spróbuję.

W porządnej restauracji oprócz mnie było też małżeństwo z maluchem. Mamcia karmiła je czymś z butli.

Siedziałam sama i zamówiłam danie.

Mus śledziowy, czyli drobno posiekany śledź solony z cebulą usiekaną drobniuśko i to wszystko w pierzynce śmietanowej, na gryczanych blinach.

Mateczka właśnie skończyła karmić dziecię.

Maluch syty i zadowolony stał obok rodziców i miał czkawkę. Dumny tatuś zabawiał malca czkającego na głos. Rżeli głośno obaj, tatko coraz głośniej zachwycony chyba sam sobą, bo i rozglądał się, sprawdzając, jakie robi wrażenie.

Nagle z buziaka malucha polała się gęstawa biała mazia...

Wstałam i wyszłam.

Bliny z musem zrobię sobie sama, ale za jakiś czas.

Zapomniana całkiem – pasta jajeczna jak w przedszkolu

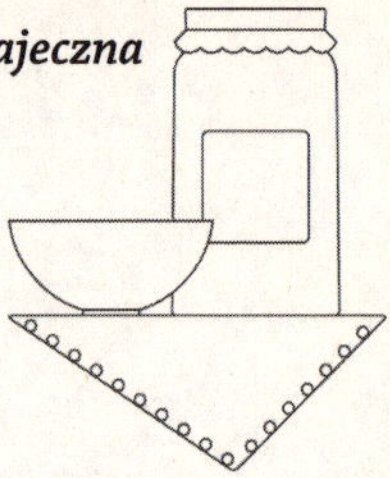

Składniki:
- Jajka
- Szczypiorek
- Sól
- Pieprz
- Majonez
- Twaróg
- Masło
- Pieczarki

Co do chleba? Pasta!

Ugotować jajka na twardo. Nie za długo – wtedy szkodzą.

W miseczce już powinien czekać posiekany szczypiorek, sól i pieprz. Łyżka majonezu i ze trzy twarogu – oczywiście, że kwaśnego.

Jajka obrać ze skorupek i posiekać (jest do tego taki sprytny, prosty przyrząd w sklepach).

Wymerdać razem.

Doskonała wersja – z pieczarkami.

To samo, tylko na maśle usmażyć drobniutko posiekane pieczarki (nie tarkować – puszczą na patelni sok i się zrobi zupa). Na lekko brązowo, ale nie na wiór.

Wymieszać z masą.

I już! Wspomnienie z dzieciństwa...

Maestra

Skoro mój ukochany „Bluszcz" dał mi tę możliwość – wystawiłam laurkę mojej pani od muzyki.

To październikowy felek, a październik to Dzień Nauczyciela.

Byłam nauczycielką. I moja mama była. Obie starałyśmy się być pedagogami nade wszystko, a dydaktykami – potem.

Ja czeladniczyłam, mama dla swoich uczniów była Mistrzem.

Głównie dla uczennic Gimnazjum im. Curie-Skłodowskiej w Warszawie. Cóż to za gimnazjum było! I tylko ono doczekało się laurki od swoich uczennic – najpiękniejszej, jaka tylko może być. Oto starsze panie zredagowały wspólnie pod okiem jednej z nich – Małgosi Malewicz – książkę ze wspomnieniami o tej nadzwyczajnej szkole.

To taka dawka wielkiej atencji, pamięci i miłości do nauczycieli, siebie nawzajem, do szkoły i wartości, jakie im wpoiła.

„Panienki z Saskiej Kępy" – kupić ją można chyba tylko na Francuskiej, gdzie jest mała księgarnia obok niegdysiejszej siedziby „najbardziej reakcyjnej powojennej szkoły warszawskiej" – jak nazywano to żeńskie gimnazjum.

To ewenement – żeby dać nauczycielom tak piękny dowód na to, że ich praca – zasiane ziarno, dało wspaniały plon. Dzisiaj położę głowę, że nie ma takich szkół, takich relacji, takiej miłości do czasów szkolnych, belfrów ukochanych wielce i koleżanek, fartuchów z satyny i tarcz.

I nie zasymilowałam określenia Dzień Edukacji Narodowej – napuszone i niepotrzebne to!

Dzień Nauczyciela – czytelne, potrzebne, normalne.

CZAS jakiś temu zmarła polonistka Mariana. Z liceum. Byłam zaskoczona tym, jak on to przeżywa. Tyle lat minęło. I faktycznie taka to była osobowość? Marian przysiadł na ławce koło płotu i mówił o niej z najwyższym uznaniem i o innych, którzy dali wyraz swojej wdzięczności, pisząc wspomnienia o pani profesor, redagując je i oddając w jej ręce, gdy jeszcze choroba nie położyła się cieniem na jej twarzy.

– Marian, w samą porę.

– Myślisz? A ja się bałem, że za późno. Można było wcześniej. Tyle lat minęło, a ona nie wiedziała, że zasiała takie ziarno. To źle! Trzeba to mówić naszym nauczycielom wcześniej, gdy tylko się zorientujemy, że mieliśmy do czynienia z kimś, kto nas kształtował, kto był wielki. Wiesz, o co mi chodzi...

– Wiem. Ważne, że się stało, żeście się jakoś skrzyknęli.

– Małgoś, gdyby nie ten wariacki portal (N-k), wspominki, rozmowy o nauczycielach, może wielu z nas nawet nie zastanowiłoby się, ile w nas pozostało tych naszych dobrych belfrów, mistrzów, którym dokuczaliśmy być może, leniliśmy się, ale oni widzieli nasze możliwości i rozbudzali je. Ci fajni – wiesz, o czym myślę.

– Mieliście piękny pomysł.

Zastanowiłam się nad tym głębiej. Faktycznie, możemy sobie mówić różne rzeczy o owym portalu, ale to jest to miejsce, które ożywiło wspomnienia i zmusiło niektórych z nas do rozważań o tym, kto i jak nas kształtował.

Od jakiegoś czasu mam potrzebę posiadania mistrza. Myślę, że wiele osób ją ma, ale nie nazywa tak rzeczy po imieniu. Autorytet, mistrz, przewodnik duchowy – można różnie. I bardziej mi chodzi o kogoś z najbliższego otoczenia niż kogoś z nimbem, jak Jan Paweł II czy Dalajlama. Kogoś, kto kształtował mnie, wpływał na moje gusta, sympatie, kogoś, kto zostawił trwały ślad, piętno bezpośrednie.

Rozmawiałam o tym z Marianem długo i analitycznie.

Wieczorem zostałam ze swoją konkluzją, zamyśleniem. Nastawiłam sobie koncert Rachmaninowa...

Moja maestra żyje i ma się świetnie. Od lat nie mam z nią kontaktu. Właśnie wydano jej książkę „*Marcella Sembrich-Kochańska. Życie i śpiew*".

Małgorzata Komorowska – moja szkolna Pani od Muzyki, tak podpisywała się nam w pamiętnikach, pisząc zawsze miłą dedykację-wierszyk i rysując rysikiem czarno-biały rysunek – często był to kogut na pięciolinii.

To były lata gomułkowskie, zwykła podstawówka na Saskiej Kępie, zwykła nauka polskiego, matematyki, rysunku... Jak to w szkole – kapcie, fartuszki, tarcze, psikusy i ta nauka...

Miałam różnych nauczycieli – niespełnione damy, zabiegane stroskane mateczki, ostre i wymagające straszydła, śniące się po nocach. Różne, doprawdy!

Panowie też byli różni. Matematyk chodził jak pingwin, był stary i śmieszny, fizyk o wyglądzie włoskiego fryzjera przychodził do szkoły na cyku, za to pana od wuefu wszyscy się bali.

Wśród nauczycieli – pani Małgosia ucząca muzyki (mówiło się: śpiewu) wyróżniała się spośród grona ewidentnie – wszystkim.

Wszyscy lubili lekcje śpiewu, na których nie tylko się śpiewało. Nasza pani – młoda i zdolna – grała właściwie na każdym instrumencie, którego dotknęła. Pianino – no, jasne! Flet, perkusja i wszystko, co w szkole było i nadawało się do grania i grało – w jej rękach, ustach. Oprócz zwykłego rozśpiewania nas, uczyła muzyki – ale jak! Opowiadała o kompozytorach ciekawostki, zabawne historie, przybliżała nam ich nie wiedzą encyklopedyczną, sztywną i taką „odtąd dotąd", a wprowadzała ich niejako od kuchni, dykteryjkami, anegdotami, opowieściami o ich prywatnym życiu. Można było słychać tych... ploteczek w nieskończoność. Co pan Bach, a co pan List, a co pan Beethoven...

Nadto wprowadziła na zajęcia owe instrumenty i jakoś tam (lepiej, gorzej) graliśmy na trójkątach, kastanietach, fletach i tamburynach bez przymusu, na wesoło i bez poganiania, oceniania. Dla zabawy, bardziej dla „międlenia", oswajania muzyki we własnych dłoniach. Okazało się, że umiemy wydawać dźwięki przy pomocy instrumentów – też!

Prowadziła:

– chór szkolny – wielki, liczny i na bardzo wysokim poziomie,

– dziecięcą orkiestrę symfoniczną (same maluszki z klas I – II),

– kabarecik muzyczny,

– kwintet śpiewający Kwitnola,

– tercet śpiewający Triola,

– wspomagała twórczość zespołu bigbitowego Kolorowi.

Chór był ewenementem – bo właściwie każdy chciał w chórze śpiewać, a w każdym razie wielu uczniów, w tym chłopaków. To dziwne, bo zazwyczaj, jeśli już, to panny się rwały do śpiewu, chcąc byś nowymi Filipinkami, Alibabkami, Partitą, a chłopcy raczej nie. Pani Małgosia potrafiła przekonać do śpiewania naszych chłopaków. Nawet gałgana i zabijakę Andrzeja, z wiecznie poobijanymi kolanami, nie mówiąc o Januszu o naprawdę pięknym głosie. Wielu śpiewało.

Jakiż my mieliśmy repertuar! (Ja naturalnie też wyśpiewywałam w chórze i w Trioli). Oczywiście wszystkie państwowotwórcze, rewolucyjne pieśni. Oprócz tego lekkie pieśni operowe, wojenne, (niektóre naprawdę ładne – „Deszcz, jesienny deszcz" – bardzo liryczna), legionowe, i coś, co lubiliśmy bardzo – dumki białoruskie, ukraińskie. Masa innych.

Pani Małgosia pokazała nam, że jak się podczas wyciągania dźwięków myśli o czubku głowy – jakby ktoś nas za ten czubek ciągnął w górę – czyściej się śpiewa. Prawda!

Nauczyła nas oddechu z przepony i modulacji, i nie godziła się na bylejakość. Nasz chór jak śpiewał, to dźwięczały szyby w sali gimnastycznej. Mała podstawówka, a chór, bywało, liczył około stu osób! Dobrowolny!

Było jeszcze coś – sama ona, pani Małgosia – piękna i wesoła. Ujmująca i wymagająca jednocześnie. Miała taki francuski typ dyskretnej elegancji. Wielkie migdałowe oczy, ciemne lśniące włosy i oliwkową cerę. Zadbana, skromny makijaż, piękne dłonie na klawiaturze i szeroki uśmiech.

I w ogóle taka, że... lubiliśmy na nią patrzeć.

Co miesiąc przyjeżdżali muzycy na koncerty szkolne, które ona prowadziła lekko, niewymuszenie, ze swadą i humorem. Nikt nie przeszkadzał, nie spał, było ciekawie, nie nudno. To było obcowanie ze sztuką w dobrym wydaniu.

Nosiła albo wąskie spódnice albo szerokie szmizjerki (świetnie się ubierała!), ładnie pachniała i była pogodna. Umiała nas trzymać w ryzach.

Dzisiaj zdaję sobie sprawę, że dla wielu z nas, a dla mnie z pewnością, była wtedy i jest dziś – maestrą. To również dzięki niej z radością słucham klasyki, bo ona nauczyła mnie piękna i harmonii mieszkającej w muzyce. Pokierowała i oprowadziła po świecie dźwięków, dając mi możliwość śpiewania i radości z brzmienia w chórze i solo. Do dziś kocham dobrze brzmiące chóry.

W domu miałam pogłębienie lekcji muzyki, bo ojciec słuchał klasyki. Moje dzieciństwo to dom z dyskretną klasyką w tle. Tato czytał, mama sprawdzała dyktanda, ja bawiłam się, a z płyt sączył się koncert, symfonia, nokturn...

Na jakiś czas – przestałam jej słuchać. Mąż, rodzina, dzieci...

I nagle wróciło ze zdwojoną siłą. Gdziekolwiek jestem – szukam radia z klasyką. Jakieś osiem lat temu odkryłam na nowo Dwójkę Polskiego Radia – cudowne niszowe radio, o które drżę, by nikt go już nie tłamsił zmianą częstotliwości, nie wpychał w otchłań, z której trudno je wyłapać gałką radia czułą i z trudem zatrzymującą się na Dwójce właśnie, bo obok usadowiono rozgłośnie o silniejszych nadajnikach, z muzyką... oględnie mówiąc, nie dla mnie.

Modlę się w duchu, żeby następny wszechwładny minister albo dyrektor niesłyszący muzyki, może niepotrzebujący jej, może zadowalający się ciężkim łupaniem *subwooferów*, nie machnie lekceważąco ręką na Dwójkę z tekstem prostaczym „A kto tego słucha?".

Są słuchacze! Cała ich rzesza, kochająca swoją Dwójkę. Radio, które nie robi z klasyki trzyminutowej sieczki przetykanej reklamami. Nie każące mi co trzy minuty (tyle PODOBNO trwa percepcja ludzi na dany kawałek tekstu lub muzyki – co za bzdura!) przeskakiwać z arii Habanera na barokowego Boccheriniego, a z niego na Szymanowskiego i z powrotem na Bacha – krótkiego, trzyminutowego. Dwójka nadaje muzykę z rozmysłem, tematycznie, z szacunkiem dla słuchacza posiadającego wrażliwość muzyczną i mającego potrzebę słuchania utworów w całości. To wszystko, szacunek, wiedzę i wrażliwość muzyczną dostałam w dzieciństwie od mojej maestry – Małgorzaty Komorowskiej.

Po latach przerwy pokochałam na nowo Szopena, Czajkowskiego i wszystkich, o których opowiadała mi Pani od Muzyki, a słuchał w domu tatko (też mój mistrz). Szukam ich w radiu, kupuję płyty, zdarza się, że bywam na koncertach. Nie wymądrzam się, mylą mi się kompozytorzy, zapominam, kto co skomponował, bo nie jestem znawcą, ale konsumentem. Skromną słuchaczką pięknej muzyki.

Nie chcę, żeby dopiero na starość moja Pani od Muzyki dowiedziała się, ile znaczyła dla wielu z nas. Jak bardzo dzieciakom z Saskiej Kępy, w szarawym PRL-u zapadła w pamięć piękna i mądra pani Małgosia, ile tej muzyki wlała w nas, torując drogę do czystego piękna, do świata muzycznych wzruszeń.

Pani Małgorzata Komorowska, dzisiaj profesor doktor habilitowany w Państwowej Szkole Muzycznej, mówi o wielkich ze świata muzyki per maestro, maestra.

Pani profesor, pani Małgosiu, jest pani moją Wielką Maestrą. Była nią pani w latach sześćdziesiątych – jako śliczna i mądra nauczycielka muzyki, z końskim ogonem i pięknym uśmiechem.

I chcę, żeby Pani o tym wiedziała.

Coś muzycznego w kulinariach?

Jasne! Symfonia smaków!

Symfonia smaków

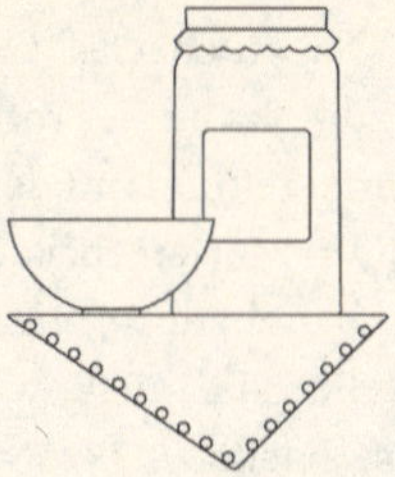

Składniki:
- Warzywa sezonowe
- Zioła
- Przyprawy
- Oliwa, sos sojowy, cytryna (albo białe wytrawne wino)
- Grzanki

Krótko: gdy na straganach jarzyny są najbardziej malownicze, soczyste, piękne –należy je pokroić w grube kawałki do miski na sałatkę. Kiedy kroimy je w małą kosteczkę, szybko puszczają soki, robi się taka...glaja w sosie własnym.

Pomidory, paprykę, cebulę cukrową (!), ogórki małosolne, seler naciowy, sałatę lodową i wszelkie ziółka, po trochu – liście bazylii różnej – zielonej, bordowej, cytrynowej, ciut tymianku (uwaga – jest szalenie ekspansywny zapachowo, dając go za wiele możemy zamienić sałatkę w syrop na kaszel), oregano zielone, listki lubczyku, kopru. Nie solić, zanim nie siądziemy do stołu, a ja nie solę wcale. Dbam o ciśnienie, więc wystarcza mi sól w sosie – oliwa, sos sojowy, cytryna (albo białe wytrawne wino), świeżo zmielony pieprz; to po zamieszaniu – chlup! na sałatkę. Do tego razowe grzanki albo co tam chcecie – wieczorem, pod dobrą muzykę w miłym towarzystwie, choćby było was tylko dwoje.

Koncert muzyczny w tle i symfonia smaku na talerzu... :-)

Kobieta Podróżna

Ja z podróży. Walizki moje pełne snów, dziś puste są. Kto powróży, kto powróży, kto powie, gdzie mój będzie dom, będzie dom. A tyle jeszcze mam nadziei, tęsknoty tyle w sercu mam. Co począć z tym, kto wie? Ach, ile w mieście snów? Ach, ile w księgach słów? Tyle jeszcze w sercu noszę. Ja z podróży.

Śpiewała Maryla Rodowicz.

DOKĄD tym razem? – Marian przyjmuje moją odmowę przyjścia na urodziny jego żony.

– No *sorry*, ale wiesz, że mam…

– Wiem trasa, trasa, trasa… Trudno, jak chcesz, zostawimy ci trochę tortu.

– Nie lubię tortów, lepiej byś mi zostawił pomidorówkę. Jak wracam do pustego domu po takich wyjazdach, to marzy mi się zupa, może być twoja pomidorówka. Co?

– Masz to, ale tort też. Kawowo-bezowy. Ci mówię, jaka pycha! Zbunkruję ci ciutkę. Obiecuję. Będziesz miała na deser. A do zupy makaron – mój?

– Tak! Może być dużo i tego cienkiego – szybciej się gotuje.

Poczciwota to Marianisko. Dobry chłop. Niby kumpel z podwórka, ale dziś lubimy żartować, że jesteśmy kolegami z wojska. To bardziej wiąże, bo z niektórymi z podwórka to się nawet na ulicy nie poznajemy.

Powolutku idzie jesień, a ja już się zbieram jak ptaszysko jakieś – do latania. Mam trasy autorskie – co chwila inne miasto, inny region.

Bywa tak, że w tydzień objeżdżam województwo, dziennie po dwa spotkania każde w innym mieście, miasteczku, wsi.

Wracam zmęczona, chociaż lubię te spotkania. I tak już mam, że skąd bym nie wracała – potrzebuję po powrocie przebrać się w domowe ciuchy i zjeść miskę zupy. Żadna tam herbata, kawa… Zupa!

Mama to wiedziała i starała się zawsze, żebym po wniesieniu walizki, przebraniu się, mogła siąść i w miseczce poczuć dom. Rosół, ogórkowa, pomidorówka.

Naturalnie bywają w restauracjach i barach zupy, ale nigdy takie prawdziwie domowe.

To rytuał, przyzwyczajenie silne i… nieszkodliwe.

Teraz, gdy jestem sama, zostawiam coś w lodówce – gdy jadę na krótko, a teraz na dłużej – to się przymówiłam Marianowi. On też mimo wieku (i płci) jest Matką Karmiącą. Miłe.

– I chce ci się? – Marian dopytuje o prawdę.

– Różnie, Maniek. Jak to jest Polska A – to żaden problem, a jak Polska B, to bywa trudniej.

– O czym ty? Jaka A i B?!

Marian jest patriotą, nie lubi, gdy się o kraju mówi źle – węszy już jakąś krytykę.

– Wiesz, Maniek, dam ci przykład. Zaproszono mnie na Bieszczadzkie Lato z Książką, do Leska. Lot samolotem zafundowano – fiuuu! 25 minut i już byłam w Rzeszowie! Tam w busika i... prawie 3 godziny serpentynami w upale, bez klimatyzacji... No, jednak dwa światy. Albo ostatnio. Wsiadam do Intercity do Wrocławia. Elegancko i czyściutko, pachnie i miękko, a w Warsie dań wybór spory i wszystko apetyczne. A gdy spytałam o godzinę przyjazdu, bo coś mi się zdawało, że długawo mam jechać, okazało się, że robimy pętlę przez Katowice i Opole... Ale to nie koniec, bo moim celem był Wałbrzych. W ICC – jeszcze było OK. Klimatyzacja, prąd – można odpalić laptop, gdy się już przeczyta „Bluszcza" czy „Przegląd", ale jak się przesiadłam do pośpiesznego... O! Albo gdy wracałam z Wałbrzycha bezpośrednim do Warszawy dziewięć godzin bez Warsu, bez klimatyzacji, bez prądu, i czemu u licha, tak długo?! Marian, to jednak inna Polska! Dwa pociągi z różnych bajek...

– A tam, marudzisz! Ta sama Polska, tylko niedofinansowana!

Nie kłócę się. Jak zwał tak zwał – inna.

Polska B – Drogi wąskie, poorane koleinami, tory co prawda docierają tu, ale obsługuje je inny przewoźnik. Oj, widać, że inny! Pociągi przypominają mi moje dzieciństwo – żadnych zmian. Twarde siedzenia, charakterystyczny zapaszek, brudnawo, brzydko i niewygodnie. Powoli... Jedyna różnica – w moim dzieciństwie nie było farb w sprayu i napisów na szybie wyrzeźbionych w szkle – kluczem. Zdziczenie.

Turkocze się takim pociągiem gdzieś daleko, gdzie czekają na mnie moje czytelniczki, mimo oddalenia – takie same jak ja. Jest doprawdy miłe spotkanie, ciekawe rozmowy i tylko powrót bywa męczący. Nie mam dwudziestu lat!

Gdy czytałam zwierzenia gwiazd o tym, jak podróżują, że często w ogóle nie wiedzą, gdzie są, że pokoje hotelowe się im zlewają, mylą miasta – sądziłam, że to tak trochę dla szpanu, ale… nie. Prawdę mówią.

W trasie umyka miasto, nie ma zazwyczaj czasu na zwiedzanie czy jakikolwiek spacer. Jest hotel, spotkanie, jedno, drugie i znów hotel. Rano zastanawiam się – gdzie ja jestem? Oczywiście nie mam swojego ulubionego jaśka, bywa, że lampka nocna nie działa, poduszka nie taka… O tak, z tymi poduszkami to nieporozumienie.

Porządne w dobrych hotelach powinny być z holofilu – poczwórnie skręcanego silikonu (cokolwiek by to miało oznaczać), ale bywają z pierza (mam uczulenie) albo z najtańszego poliestru zbitego w kilka osobnych kłaków – poduszka madejowa. Przewracam się, układam… Za oknem nieznany mi świat, dom daleko.

Kiedyś, za młodu, łatwiej się znosiło takie wyjazdy, podróże były towarzyskim zajściem, wypadem po coś nowego, dzisiaj mimo ICC – męczą.

Marian wzdycha i komentuje to krótko i trafnie:

– To kalendarz, Gocha…

Racja!

Ale żeby nie było minorowo, są wspaniałe chwile. Przywożę z podróży różności wielkie. Raz jest to z wdzięcznością wciśnięta mi reklamówka na dworcu, od pani kierowniczki biblioteki.

– To nie moja siatka – mówię.

– Tak, wiem, to od mojej mamusi. Ona bardzo lubi panine książki i kazała to pani dać!

– A co to? – Zaglądam do środka i już czuję, jak mi łzy ciurkają, pociągam nosem.

– Schabik z naszej świnki, dwadzieścia jajeczek, bo mamusia kurki hoduje, i o, serek z naszego mleka! Niech na zdrowie idzie!

Wzruszenie mnie ściska. Przytulam panią z biblioteki. Jest mi głupio, ale tak na duszy serdecznie!

Innym darem są opowieści, refleksje, tajemnice powierzane mi bez ceremonii, czasem ze łzami w oczach, czasem z diablim uśmieszkiem.

W wielkich miastach są ładne hotele, w małych mieścinach zapomnianych przez Boga i ludzi – maleńkie pensjonaty, zimą niedogrzane, smutne, puste. „U nas nie ma turystów, to i potrzeb nie ma". Na przykład Jasło. Miasteczko pustoszejące z roku na rok. Smutnawe przez brak przemysłu, upadające jak wiele innych. „Jak miło, że zechciała pani do nas przyjechać!".

Byłam tam jakoś tak... jesienią, zimnawo. Pokój wąski, jak z PRL-u wyjęty żywcem. Kabel od lampy urwany. Gniazdko wypadające, w łazience „wczesny Gierek". Ręcznik mały i stary już. Bieda... Wyjeżdżam świtem, autobusem. Marzę o domu i... zupie, która mnie ukołysze, ogrzeje po tej podróży, bo mi zwyczajnie żal tej Polski B. Jakby zimniejszej, osamotnionej, z bezrobociem i nikłymi widokami na lepsze. Z tanim taborem kolejowym, tanim... wszystkim, bo drogo nikt tu niczego nie kupi.

Pamiętam podróż na wieś, do której już asfalt nie dochodzi. Ostatnie kilometry to szutrówka. Biblioteka w remizie, a w sali... Aż mi dech zaparło – wielka i fantastyczna wystawa fotografii miejscowej ludności. Także trochę starych sprzętów – aparat fotograficzny „ze szmatą", maszyny do pisania, do szycia, kierzonki do masła i reprinty fotek z rodzinnych albumów. Wspaniałe! Pięknie zrobione, w ładnych ramach. Spotkanie też udane, ciepłe i życzliwie zakończone podpisywaniem. Najstarsza czytelniczka ma koło dziewięćdziesięciu lat.

– Komu dedykuję? – pytam

– Józefina jestem – odpowiada Stara Pani.

– Józefina?! O, a tam na zdjęciu, ta panna młoda podpisana jest też Józefina, jaka śliczna! (Zdjęcie stare, w sepii, para młoda w archaicznych strojach).

– To... ja jestem! – Stara Pani Józefina młodnieje w moich oczach. Dostaję od niej komplement za powieść i serdecznego buziaka.

Przyjemnie tak jeździć jednak!

Nawet jeśli na tę czy inną wieś nie dociera asfalt, a w drodze powrotnej łapie nas taka burza z piorunami i ulewa, jakiej nie widziałam lata całe! Nawet jeśli muszę się tłuc pociągiem pamiętającym Gomułkę, bo w Polsce TGV czy Shinkansen pozostaje i tak czymś z kategorii science fiction.

Czemu nie jeżdżę samochodem? Może nie marudziłabym tak?

Ach, bo i tu mamy Polskę A i B.

Mamy też polski idiotyzm – autostradę, która od lat jest w remoncie, jedzie się nią

jak koślawą furmanką (takie tempo przejazdu), bo czynny jest od lat jeno jeden pas

ruchu, a i tak trzeba za ten hard core PŁACIĆ. Inna autostrada też z bramkami do płacenia, krótka i przestronna – prawda, wypada jak filip z konopii koło Poznania, nie dając za wiele innych możliwości, by znów przerodzić się w drogi n-tej kategorii, urągające nam jako tzw. Europejczykom.

Opłata w stosunku do naszych zarobków – duża. Za 150 km trzy razy po 11 zł, za osobowy...

– Tyle lat po wojnie, a drogi mamy jak z serialu „Czterej pancerni i pies"... A gdy każdy czterdziestokilometrowy odcinek dróg w Polsce będzie płatny? – pytam Mariana dramatycznie.

– Daj spokój – odpowiada spokojnie. – Do tego czasu już nas nie będzie.

Pamiętam, jak jechałam niedawno do Amsterdamu. Po opuszczeniu opłacanych lub tragicznych dróg Polski A i B wjeżdżamy na szosy niemieckie (to ci, co przegrali wojnę) i dalej holenderskie – proste jak w pysk dał, z dobrą nawierzchnią i... bez bramek, opłat. Szybko i gładko dojeżdżamy do Amsterdamu. *Voilà*! No proszę, jak to możliwe?

Jeżdżę koleją, samolotem, busikiem, żeby w ogóle dotrzeć tam, gdzie mnie zapraszają, bo w dobie internetu, telewizji, full HD itp. – to istny cud, że czytelnicy chcą nas, pisarzy „na żywca". Podnoszą palce albo wprost z krzesła pytają, słuchają tego, o czym mówię, podchodzą i szepczą, wciskając stokrotki z własnego ogródka, przytulają:

– Jak ja się cieszę, że panią widzę, wie pani, że pani książka...

Więc pakuję się w torbę na kółkach i kupuję bilet, trwożliwie pytając, czy jest może ICC, czy jest Wars, a jak nie... to i tak kupuję! Jestem od czasu do czasu – Kobietą Podróżną.

Nie. Nie podam przepisu na pomidorówkę. Już podawałam. Przywiozłam z kolejnej podróży znakomitą kartoflankę.

Kartoflanka

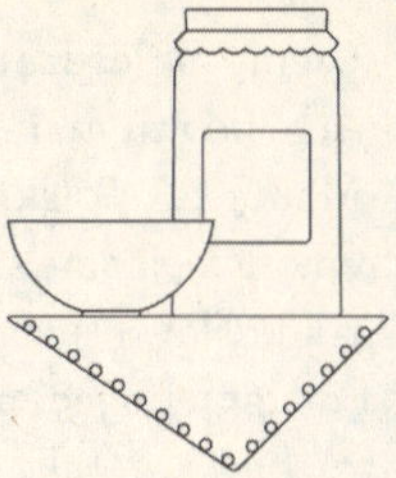

Składniki
- Łosoś
- Ziemniaki
- Włoszczyzna
- Śmietana
- Koper

Niby zwykłą, a jednak inną. Na wędzonym łososiu.

Można kupić takie skrawki sałatkowe.

W garnku zagotować wodę z włoszczyzną julienne (słupeczki), wrzucić obrane i pokrojone w kosteczkę ziemniaki. Po pięciu minutach wrzucić trochę (na oko – ile kto lubi) tych łososiowych okrawków i garść kopru. Gdy ziemniaczki zmiękną – zaprawić śmietaną.

To się bardzo krótko gotuje – w międzyczasie można się przebrać, odświeżyć po podróży i... usiąść z miską na ukochanym fotelu.

Uff. Jestem w domu!

Jedzenie jako element życia towarzyskiego, czyli król jest nagi

Czytałam gdzieś, że o ile potrafimy pączka czy jabłko zjeść sami bez problemu, o tyle posiłek większy, taki obiadowo-kolacyjny – wolimy jednak jeść w towarzystwie.

Sprawdziłam – prawda! O ile gdy sobie idę ulicą i mnie „najdzie" – kupuję ciacho, pół kilograma truskawek albo kiszonego ogórka i sobie wetnę, idąc dalej, o tyle śniadanko, obiad, kolacja to już są posiłki wymagające wspólnoty. We dwoje miło, a im nas więcej takich kochanych, przyjaciół czy rodziny, tym robi się fajniej.

Bez wątpienia śniadanie we dwoje jest naszą frajdą. Cichy, senny poranek, powoli i bez pośpiechu – serdeczności, buziaki, „podaj mi dżem, Słonko". Oj tak... to piękne chwile, ale i te głośniejsze, gdy dzieciaki wpadają na obiad: „Mamcia, są grillowane warzywka?". I mimo że to grillowanie warzywek, a zwłaszcza obieranie papryki, jest uciążliwe – cieszy mnie ten gwar przy stole, opowieści i zamęt. A gdy nas jeszcze więcej? O, tak czasem lubię, gdy się robi u mnie takie „Moje wielkie, greckie wesele" (uwielbiam ten film). Mam w sobie coś z greckiej czy włoskiej mammy. Moja czytelniczka nazwała to „pierwiastek mamusizmu".

Jedzenie jako czynność socjalna – jasne! W samotności – tylko jabłko na ulicy!

OPOWIADAŁA mi znajoma, wizytująca po raz pierwszy Chiny, że bojąc się ogromnie nieznanych bakcyli, jadała wyłącznie „bezpieczne" europejskie posiłki w hotelach. Aż któregoś dnia, podczas długiej wędrówki po mieście tak zgłodniała, że nie bacząc na konsekwencje, zjadła w ulicznym barze coś z woka, uznawszy, że we wrzącym oleju żaden bakcyl nie przeżyje. I odkryła rajskie smaki. Odmienności Orientu. Od tej pory tropienie kulinarnych nowości stało się jej ulubionym sportem. Gdy ujrzała chińskie babunie, sprzedające wprost z okna domu nadmiar ugotowanego rosołu czy ryżu z czymś tam – jadła z ich miseczek bez lęku. Hotelowych restauracji wyparła się raz na zawsze. Wolała sklecony naprędce z desek uliczny bar i towarzystwo tubylców.

Ja też to lubię. I też w towarzystwie jedzenie smakuje mi lepiej. Zgłębiono tę sprawę nawet naukowo i okazało się, że o ile w samotności chętnie sięgniemy po batonik, lody czy bajaderkę, o tyle posiłki niesłodkie wolimy jeść w towarzystwie. No, chyba że to jest obwoźna buda z zapiekankami i bułami z parówką, do niedawna nieodłączny element pejzażu każdej polskiej ulicy. Na szczęście coraz tego mniej.

Oczywiście jest i druga strona tego medalu. Byliśmy tak złaknieni wszelkich – innych niż nasze – zapachów i smaków, że teraz odbijamy to sobie z nawiązką. Jak knajpa, to koniecznie włoska lub francuska. Bar – obowiązkowo japoński lub tajski. Ciekawe, że tamte nacje nie garną się jakoś do otwierania restauracji z polską czy rosyjską kuchnia. Wprawdzie w egipskiej Hurghadzie znalazłam bar z pomidorówką i schabowymi z kapustą (no, nasi tu byli), ale nie jest to miejsce odwiedzane przez miejscowych. W Meksyku, Boliwii czy Paragwaju też nie dostrzeżemy triumfalnego pochodu suhi barów. Wolą swoje burritos, kukurydzę, fasolę i doskonałą wołowinę z rusztu. A w miejscach mniej cywilizowanych jedzą zupę piri-piri, jakieś białko skaczące lub fruwające, i popijają chichą, która budzi dziwną niechęć u Europejczyka.

Zapiekanek i pizzy – nie uświadczysz!

Ale wróćmy na nasze cywilizowane podwórko. Jakiś czas temu w Stanach i w Europie postanowiono wstrząsnąć klientami, dla których najwymyślniejsze tajskie czy lapońskie dania są już *boring* (nudne) i *de mode*. Wszak koniecznie trzeba dać tym znudzonym coś, za co słono zapłacą i lekko się ożywią!

Najpierw wymyślono kuchnię fusion, z grubsza opartą na szokujących zestawieniach. Żeby nie rozwlekać, przytoczę opowiastkę mojej córki:

– ...no i zaprowadziła nas do topowej knajpy z kuchnią fiufiu. Zamówiłam tagliatele z krewetkami w malinowej mgle. Mamo! To jakaś paranoja, zwykłe kluchy polane malinowym przecierem, a na tym cztery usmażone krewetki. Niesmaczne, beznadziejne. Fu-j! Nie fu-sion!

A kuchnia molekularna? Jak dla mnie – rodzaj alchemii, tyle że zamiast szokować, wzbudza politowanie. Przeźroczysty żel o smaku szparagów i kawior z białugi z – uwaga! – „blinami ze ściętej w płynnym azocie śmietany" (co to ma wspólnego z blinami?!), zupa jarzynowa w postaci lodów czy mus pomidorowy o aromacie wnętrza kabiny kąpielowej – to megaściema.

W Wielkim Świecie serwuje się te cuda np. w topowej knajpie, zawieszonej na wielkim żurawiu 60 metrów nad ziemią. Do foteli trzeba się przypiąć pasami, jak w rajdowym aucie, bo wiatr może nas powalić, a stół lepiej trzymać, żeby nie odjechał. Żel o smaku szparagów przy większym podmuchu spadaprzechodniomnagłowę,muszwołowinypachnącynasturcją zimny jest i mało przekonujący, a my wywalamy megakasę na ten dziw nad dziwami (zapisy są na kilka miesięcy naprzód). Ot, knajpa...

– To wszystko już było, Gocha! – kiwa głową Marian. – Pamiętasz taki film Ferreriego „Wielkie żarcie"?

Jasne, że pamiętam. Dekadencki, hedonistyczny film. Znudzeni, żądni nowych cielesnych wrażeń ludzie obżerają się i kopulują, a w końcu umierają z przeżarcia, głupoty, pustki.

Oglądałam reportaż o tych kulinarnych eksperymentach, wymyślanych nie po to, aby zaspokoić głód czy ciekawość smaku, ale wyłącznie po to, aby zszokować, i dzięki temu wyciągnąć od klienta kasę. To już nie jest wspólny posiłek, uczta, radosne jedzenie i wymiana myśli, ale smutne poszukiwania bodźców, mających poruszyć sflaczałą od nadmiaru ekstrawagancji wyobraźnię, która przerobiła już wszystko i żądna jest nowości za wszelką cenę. Nawet za cenę śmieszności.

Tych zawieszonych pod żurawiem koneserów kuchni molekularnej otoczyłabym wielotysięczną widownią – bo to dopiero jest widowisko! Nowa kasta Neronów, którzy dzięki pieniądzom widzieli i jedli już wszystko, i tylko nowe bodźce mogą jeszcze poruszyć w nich zżelowaną krew. Kasta umierających z nudy. Ratuje ich tylko kroplówka szoku.

Jakoś zupełnie nie kręci mnie jedzenie czegoś, co ma wysublimowany specjalną techniką aromat opony albo lakieru do paznokci, a jest przeźroczystym wyciągiem z ogórka lub cielęciny. To granica idiotyzmu, której przekraczać nie mam zamiaru.

Spotkałam ostatnio Piotra Bikonta, który ma ogromną wiedzę o kulinariach nie tylko z racji zawodu, ale i stąd, że bywa jurorem na rozlicznych konkursach. Mówił mi o znużeniu. O tym, że dzisiaj nie zaskakuje go już nawet najbardziej wycacana, ultranowoczesna knajpa, serwująca wyszukane dania na talerzach o powierzchni pół hektara, z mazajami musu malinowego czy sosu z trufli jako garni do czegoś tam o kubaturze kilku centymetrów sześciennych. Nie zaskakuje też przekombinowana prząśność różnych „chłopskich" żarłodajni, podających kaszę ze skwarą lub kapustę w drewnianych korytkach à la Lipce Rejmontowskie.

– A co cię kręci? – spytałam.

– Wiesz, najbardziej takie knajpiszony, o których nigdzie nie przeczytasz, ale się dowiesz od mlaskających znajomków. Położone gdzieś opodal zwrotnicy kolejowej, w baraku dziwacznie pomalowanym na kolor różowy, niepięknym w środku, ale za to, jaką golonusię tam dają... Mmmmmm! Paluchy lizać! Rewelka!

Taki eksplorer jak Piotr i kuchnię molekularną położy na ząb, ale chyba daleki będzie od zachwytów. Nie dziwię się. Tacy jak on (i ja, nieskromnie powiem – też) to sybaryci – lubimy usiąść w zaciszu, np. u państwa Michalskich pod Poznaniem, pojadać miłe podniebieniu potrawy, przygotowane z miłością przez Ewę – mamę i Paulinę – córkę. Placuszki z jabłkami i animelkę* z grzybami, pod znakomitą palinkę, przywiezioną z daleka przez Wojtka – też znawcę dobrej kuchni.

To jednak połowa frajdy. Reszta to nastrój – ogród letni w zmierzchu, świece na stole i... danie pyszne, wspaniałe, dość stare, zapominane powoli, niestety – konwersacja! Wesoła, kształcąca, miła (bez telewizora w tle, za to z grającymi w trawie świerszczami). Z nami seniorka rodu, urokliwa Starsza Pani – właścicielka wspomnień dawnych, urocza gawędziarka, jak i jej syn – pan domu.

Za takie wieczory dam się posiekać! Jak dla mnie to są szczyty subtelnostek kulinarnych. Uczta podniebienna (Ewa pięknie dekoruje potrawy kwiatami z ogrodu – jadalnymi!) i duchowa. Żadnej polityki, żadnych przepychanek, połajanek słownych ani wycieczek osobistych – rozmowa z wolna się tocząca o życiu, o tym, co kto widział, słyszał, kosztował.

Ech, czarowne chwile! Nie do kupienia za żadne pieniądze.

* Animelka – to piękna nazwa dla grasicy cielęcej. Stara to potrawa.

Grasica cielęca

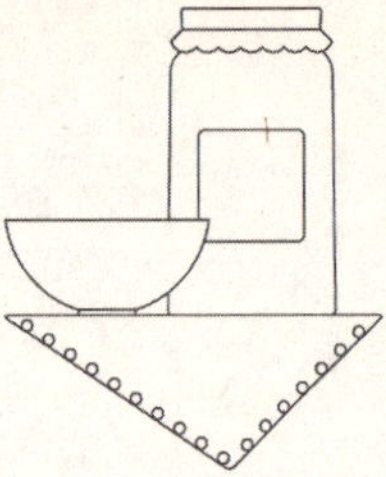

Składniki:
- Grasica
- Masło
- Wywar z warzyw
- Grzyby
- Białe wino
- Śmietanka
- Bagietka

Grasicę kupić gdzieś... Bywa w handlu.

Obrać z błon i blanszować we wrzątku – może być warzywny, z gotującymi się w nim warzywami). Ostudzić, pokroić na mniejsze kawałki i wrzucać na patelnię z masłem lub smażonymi borowikami, kurkami lub podgrzybkami. Skropić białym winem. Można lekko zaciągnąć słodką śmietanką, ale i sama w masełku animelka jest pyszna. Podawać z bagietką i białym winem.

Konwersacja jako danie główne – konieczna.

Sacrum i profanum

Jakoś szczególnie w okresie rozkrzyczanych świąt nachodzą mnie takie refleksje.

Ludzie mają instynkt stadny, co nie znaczy, że łączy ich wszystkich religia. Widzę to jasno, jak wiele osób spełnia po prostu narzucone im rytuały bez większej duchowości. Gesty ani słowa modlitw, sama wizyta w kościele ani ryba naklejona na samochodzie nie oznaczają, że ten ktoś nosi w sobie idee, jest uduchowiony, wrażliwy tak, jakby mu nakazywała chrześcijańska religia.

To raczej owczy pęd, bo „co ludzie powiedzą?".

Ośmielam się twierdzić, że religia dziś ponosi klęskę, bo ani nie jesteśmy po tych dwóch tysiącach lat lepsi, ani wrażliwsi na innego człowieka, ani bardziej miłosierni, współczujący, bezgrzeszni. W wielu domach podczas Wigilii nie stawia się dodatkowego nakrycia „dla wędrowca", a nawet gdyby taki zapukał – poszczulibyśmy go psami, nie wpuścili za próg. Za to szalejemy w przygotowaniach świątecznych do zwariowania albo odpuszczamy sobie, jadąc na Malediwy. Prawdziwie wiernych i religijnych znam mało...

GRUDZIEŃ jest na świecie widocznym, głośnym miesiącem Bożego Narodzenia, bo gdziekolwiek są chrześcijanie – tam obok wiary widać zwycięski pochód komercji udającej wiarę. Komercja zaś to wiara w pieniądz. Miasta Europy, Australii, Ameryki – już w listopadzie zaczynają komercyjno-zdobnicze szaleństwo.

W Polsce pochód komercji w imieniu wiary zaczyna się w połowie października – bo w Polsce ważnym świętem są Zaduszki, przypadające na 2 listopada – dzień po Wszystkich Świętych. (Jak mawiał mój kolega – największe imieniny świata). Jest rzeczą naturalną czczenie zmarłych we wszystkich chyba religiach, jednak w Polsce (po Meksyku i amerykańskim Halloween) to pole do popisu komercji i handlu jak każde inne.

Tuż po Zaduszkach z powierzchni sklepów wielkopowierzchniowych znikają znicze. Aby do przyszłego roku! I pojawiają się, jak filip z konopi (dopiero początek listopada jest) – ...bombki choinkowe. Te, które się rok temu nie sprzedały.

Zaczyna się druga odsłona świąt. Znów parada komercji. Powoli, dzień po dniu przybiera na sile. Najpierw resztki z magazynów, a już w grudniu zaczyna się frontalny atak wszystkiego, co tylko Chiny wyprodukowały dla białych – feeria ozdób! Lampki świecące w takt melodyjek, atakujące ostro wzrok i nerw oczny przechodnia, najróżniejsze odmiany mikołajów, łącznie z tymi wielkimi, wspinającymi się po naszych domach, kominach, oknach i balkonach, po renifery, sanie, bałwany naturalnej wielkości do naszych ogródków – też oświetlone, a jakże!

Choinki w dowolnym kolorze, sztuczne i te prawdziwe z hodowli, które nierozprzedane idą tuż po świątach na wysypiska, ciężarówkami na opał. Marnotrawstwo i groza... Szkoda ich!

Ale my – chrześcijanie – zastaw się, a postaw się! Pokażemy światu i sobie, jak potrafimy święcić! W sklepach przewala się wszelkie dobro kulinarne, wózki na parkingach supermarketów uginają się pod zakupami, a gospodynie w domu przewalają wieczorami sterty czasopism – mając już migrenę w połowie grudnia – jak urządzić święta?! Na biało? Na czerwono? Na srebrno? Jedno pisemko zaleca wiejskość, inne ikeowski folklor, jeszcze inne: „w tym roku modne jest srebro". MODNE?

Przecież to święto Bożego Narodzenia. Chrześcijański Jezus narodził się w biedzie, święto powinno mieć wymiar raczej duchowy...

Blablanie! Jaki duchowy?! Ma być pięknie! Jak w kolorowym czasopiśmie, jak w amerykańskim filmie, jak na chińskiej pocztówce!

Każde kolorowe czasopismo sili się na świąteczne tematy poprzerabiane już od dwudziestu lat w takim nasileniu i natężeniu, że niczego już nowatorskiego nikt nie wymyśli. W kółko to samo od lat – barszczyk w tysiącu odmian, grzybowa takoż i śledzie już cholera wie z czym, żeby tylko było „szokująco inaczej".

Prezenty – to dzisiaj najważniejszy atrybut, cel, wynik świąt! Więc szalejemy z prezentami. O! Tak, damy ognia! Talon na balon i nocnik z cyrkoniami!

Kompletnie nam odbiło. Mam takie wrażenie, że zidiocieliśmy z tym *entourage'em.* Nasz narodowy świr każe nam świrować z roku na rok coraz bardziej, w kierunku jarmarcznej amerykańskości. Jakiś koszmar, niemający nic wspólnego tym, co w polskim wymiarze świąt powinno przynajmniej liczyć się dla tzw. prawdziwych katolików.

Nie jestem katoliczką, więc nie powinno mnie to obchodzić. I nie obchodzi, ale... razi. Dlatego doskonale rozumiem tych wszystkich, którzy rezygnują z tego wariactwa i po prostu wyjeżdżają na narty w Alpy albo na Seszele, albo do znajomych na Mazury.

Sama uciekam przed tym. Męczą mnie te dziwne zachowania, ten mariaż *sacrum* i *profanum*, z tym, że triumf *profanum* bywa zadziwiająco wielki i czuję, że pożera nas od środka i od zewnątrz w równym stopniu. Brak religijnej zadumy podczas świąt Bożego Narodzenia nie jest dla mnie czymś, co utrudnia mi życie, za to jak widzę, utrudnia tym, co udają, że są katolikami. Poddają się machinalnie rytuałom, żeby nie urazić mamusi, sąsiada i dać sobie samemu święty spokój. No bo nie da się być „tylko trochę w ciąży" – jesteś wierząca/y albo nie. Tak uważają księża, przewodnicy duchowi, ale... nie naród. Zazwyczaj naród jest „tylko trochę" wierzący i „tylko trochę" praktykujący. Na wsiach (ponoć nie tylko w Polsce) panowie nie przestępują progów świątyń, stojąc w niedzielę przed kościołem. Jarają szlugi, gadają o cenach skupu żywca, o tym, że wódka zdrożała, że nadkwasota ich ssie, i ... czasem słysząc dzwonek, klękną, ale nie zawsze. Niby są na nabożeństwie, a tak naprawdę ich nie ma. Żony z dziećmi to ich ambasadorzy rodzinni – są w środku i eleganckie, gorliwie odbywają modły. W miastach – znacząca mniejszość chadza w niedzielę na mszę, żeby później przenieść się do innej świątyni o nazwie Carrefour, Tesco czy Real, a w domu już żadnej duchowości ani sacrum nie ma. Dziesięcioro przykazań zostaje w kościele do następnej niedzieli. Inni miastowi – w ogóle nie chadzają do świątyń, mimo deklaracji katolickiej. TYLKO w święta przed Bożym Narodzeniem. Dla świętego spokoju sumienia, że niby kultywują wiarę przodków.

– Wiesz, Małgośka, bo niby przecież jestem chrzczony, mamusia czasem pyta i ksiądz, jak przyjdzie po kolędzie... To wiesz...

Wiem! Hipokryzja w czystej, krystalicznej postaci.

Latami nie uczestniczą w religijnym życiu duchowym, grzesząc na potęgę myślą, ciałem, uczynkiem, aby po śmierci i uiszczeniu stosownej do grzechów opłaty księdzu zalec w święconej ziemi na cmentarzu katolickim.

Taka wiara „na odwal się" – jak mawiał mój ojciec.

To ja już o wiele bardziej szanuję tych, co mieli odwagę stanąć twarzą w twarz z tym własnym, kabotyńskim problemem wiary i złożyli oficjalny dokument o apostazji... Ilu takich znam? Żadnego. Czytałam o młodej damie, która miała odwagę. Reszta moich znajomych niby-katolików praktykuje raz na jakiś czas, żeby oczyścić sumienie, grzeszy często, podśmiewa się z Kościoła, wytyka grzechy urzędników kościelnych i… mają się świetnie! Sumienia zaś gaszą wystawną i designerską Wigilią, bogatymi prezentami, kolędami z najnowszej płyty, a nawet poświęcą się i pójdą na pasterkę!

Wracając, pogratulują sobie najpiękniejszej, zewnętrznej dekoracji świątecznej na ich ulicy i zapomną, że nie zaprosili na Wigilię szwagra, bo są mu winni kasę, dziadka Fredka, bo się ślini i jest nieapetyczny, i biednej Jadzi, bo ją mąż rzucił i nie stać jej będzie na ładne prezenty. Zapomną o kłótni z mamą albo teściową, po której nie będą się do siebie odzywać aż do Wielkanocy, i o tym, że polali sąsiadowi żywopłot rundapem, bo im przeszkadzały liście opadające jesienią.

Wolę swój stosunek do świąt. Już bez tej wariackiej otoczki, bez szaleństwa w kuchni, bez kłótni, kogo zapraszam, a kogo nie.

Cenię swoją odwagę, gdy mówię, że nie jestem katoliczką – co powoduje u wielu osób czkawkę albo pomruk zgorszenia.

– Po co się w ogóle przyznajesz? – pyta mnie cicho następna odważna, pomijająca milczeniem TE TEMATY.

Bo mam odwagę cywilną. Bo dobrze się czuję, nie wariując pod egidą świąt z powodu zakupów, zdobień, zabiegów i gigantycznych Generalnych Porządków odbierających mi sens świąt. Sprzątam zazwyczaj, nie muszę niczego robić Generalnie i na gwizdek.

W swoim niepraktykowaniu jestem uczciwsza od hipokrytów, maszerujących raz – dwa razy do roku na pokaz i dla świętego spokoju.

Święta robimy skromne, rodzinne i zaciszne, bo u nas mają wymiar święta rodziny. Teraz przejęły je moje dzieci. Ja wyjeżdżam na całą zimę do kraju, w którym główną religią jest buddyzm. Ich Nowy Rok jest w lutym.

15 maja są wesołe urodziny Buddy, a jesienią dożynki, połączone z dniem zadusznym Chusok – też wesołe. Jest inaczej, bo nie jest to religia ekspansywna, społecznie nie ma potrzeby fałszować wiary, bo nikt nikogo nie potępia za to, że jest wierzący

albo nie. Nikt nie udaje, nie praktykuje dla sąsiadów lub czystego sumienia. Klasztory – miejsca praktyk religijnych, są zazwyczaj poza miastem, w miejscach urokliwych, zacisznych. To dawna tradycja stworzona po, to żeby życia duchowego nie mieszać z polityką. Są i kościoły, ale katolicyzm praktykuje się tu skromnie i z pobudek stricte duchowych, a więc szczerze.

Nade wszystko podoba mi się model czeski. W Pradze Czesi kupują karpie – rzecz jasna żywe. Lokują je w domach, w wannach. Karmią okruszkami chleba i przemawiają do nich, zapewne też nadając im imiona, np. Honza. Później urządzają Wigilię.

Moja Wigilia będzie mieszanką polskości oraz kuchni fińskiej i koreańskiej.

Podam zupę rybną z rybnymi kluseczkami. Rosołek z ryb (głowy i małe rybki) kluseczki z mielonej rybki z jajem i kaszką manną – formowaną jak kluseczki francuskie lub małe pulpeciki.

Zapewne też zrobię frajdę mojemu mężczyźnie – z własnoręcznie (w Korei nie ma żadnych białych serów) zrobionego twarogu, smażonej cebulki, ziemniaków z kminkiem i kupionych cienkich krążków świeżego ciasta ulepię pierogi ruskie – podam je ze skwareczkami.

Na targu rybnym w Busan kupimy sobie wielkie jak słonie krewetki. Ugotuję je krótko, jak polskie raki, z koprem (wiozę ze sobą). Podam z masełkiem czosnkowo-ziołowym.

Na deser… będę tęskniła za szarą renetą upieczoną z łyżeczką żurawiny (im dłużej się piecze w niezbyt wysokiej temperaturze, tym pyszniejsze – urok makrobiotyki), niestety w Korei nie do kupienia, więc zadowolę się sałatką owocową. Wszystkie, jakie są w sklepie – pokrojone w kostkę. Wystarczy – więcej nic już nam nie wejdzie! Pójdziemy na spacer nad morze.

A Czesi po Wigilii idą na spacer na most Karola z wiadrami. Swoje karpie żegnają czule i wpuszczają do Wełtawy.

Czego życzę czytelnikom?

Zgody i harmonii wewnętrznej. Braku przymusu i wolności ducha.

Papryka faszerowana – bezmięsna

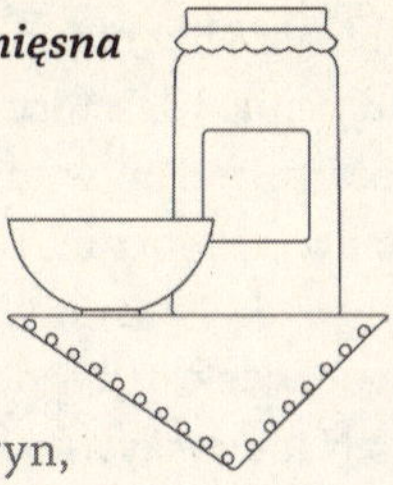

Składniki:

- Papryka pomidorowa kształtna – łatwa do nadziewania
- Ryż, warzywa korzeniowe. Zielsko – kolędra, koperek, pietruszka, rozmaryn, co tam mamy pod ręką
- Soczewica czerwona (inna też) pestki dyni, słonecznika, sezamu
- Przecier papryczany – Ajwar. (Można zrobić samemu)
- Sos sojowy i olej sezamowy – a czemu nie? Fajny jest!

To proste i szybkie.

Potrzebne:

Papryka pomidorowa kształtna – łatwa do nadziewania.

Ryż, warzywa korzeniowe. Zielsko: kolędra, koperek, pietruszka, rozmaryn, co tam mamy pod ręką.

Soczewica czerwona (inna też), pestki dyni, słonecznika, sezamu.

Przecier papryczany – ajwar (można zrobić samemu).

Sos sojowy i olej sezamowy – a czemu nie? Fajny jest!

Paprykę faszerowaną, mięsem czy też wegetariańską podaję w sosie paprykowym – ajwarze właśnie.

Papryce ściąć od ogonka „czapeczkę" i z wnętrza usunąć co się da.

W misce na 15 minut zalać ryż z torebki wrzątkiem. Można podgotować lekko zwykły ryż, ma być taki na ¾ ugotowany. Dodać filiżankę soczewicy, posiekane zioła, pokrojone drobniutko warzywa – jakie lubimy – marchew, seler, zgnieciony i posiekany czosnek, sos sojowy i pestki dyni, słonecznika. Możemy wsypać ciut curry – ja nie wsypuję, ale jak kto lubi?

Nafaszerować papryki nie na pełno. Postawić w rondlu farszem do góry, ciasno, żeby się nie wywracały. Zalać wodą wysoko, nakryć i gotować na małym ogniu do miękkości. 30 minut? Chyba wystarczy. Lekko skropić olejem sezamowym i posypać ziarenkami sezamu.

Odlać trochę powstałego wywaru i rozrobić z filiżanką ajwaru – chlupnąć z powrotem. Ja podaję to na miseczce, z łyżką sosu, i osobno stawiam kwaśną śmietanę.

Bon vivant, czyli przypadek Marka

To smutny felek.

Myślę i myślę, tak przelewając te myśli na papier i zastanawiając się nad pomaganiem. Gotowość niesienia pomocy to dobra cecha, świadczy o wrażliwości etc.... Czy jednak zawsze pomagać i w jaki sposób mądrze, i czy zawsze się da?

Czym innym pomoc w matematyce czy podczas wspinaczki w górach, czym innym umożliwienie komuś... No właśnie – danie możliwości – chyba najlepszy rodzaj pomocy. Mówi się „dać wędkę".

Rzucają moniaka żebrakowi – czy pomagamy mu? Nigdy nie wiem, czy zbiera dla głodnych dzieci, sobie na chleb, czy na wódkę i prochy.

„A co to za różnica? – pytała kiedyś Janina Ochojska – narkoman i pijak są też w swoiście rozumianej potrzebie". Prawda.

Nie daję już wesolutkiej gromadce, zdrowych jak widać, dzieciaków, żebrzących podczas jarmarków „na piwo". Ta otwarta, umowna bezczelność, która ma być dowcipna, już mnie nie bierze. A fundacje?

Zamiast na nie – decyduję się na pomoc indywidualną. W zasięgu mojego wzroku, świadomości, są osoby, które wspieram. Wiem dokładnie, po co i na co potrzebne są im pieniądze – na leki, na jedzenie.

A tacy właśnie opisani przeze mnie Markowie?

Nie chcieli nigdy wędki, zawsze postępowali tak, że sobie szkodzili, nie umieją żyć, spadają na naszych oczach w przepaść. To nasi znajomi – czasem rodzina – narkomani, alkoholicy, osoby ciężko chore, schizofrenicy, ludzie w depresji. Jak im pomóc? I czy w ogóle jest to możliwe, bo ich pęd do samozatracenia jest tak silny, że czasem jak wir wciąga za sobą pomagającego.

MARIAN siedzi zły. I ja siedzę zła. Poszło o Marka. To nasz kumpello z dawnych czasów. Zawsze sobie umiał tak poukładać sprawy, że żył, jak chciał. Mieszkał z matką, żarł się z nią i był o wiele bardziej samodzielny niż my. W liceum łapał dwóje, ale tak lawirował, czarował, kłamał albo zwyczajnie – miał farta, że nas to wręcz wkurzało. My tyraliśmy – nocne sesje wkuwania, korepetycje – a on się prześlizgiwał! Cudem zdał maturę.

Poszliśmy na studia. Marek nie. Nie chciało mu się. Zaczął robić to, o czym marzył – samochodziki. Szybka jazda. Wkręcił się i został pilotem rajdowym. Przypadkowe spotkania kończyły się gdzieś na kawie, my słuchaliśmy, a on opowiadał, jak to jest na oesach, z kim jeździł, kto chce z nim jeździć. Bon vivant!

W jego życiu pojawiła się też kobieta, więc wkrótce rzucił rajdy i wyjechali do Anglii. Za zarobioną kasę, wyczuwając koniunkturę, kupił magnetowidy i założył nagrywalnię i wypożyczalnię kaset. O, zarabiał! Panisko się z niego zrobiło – obrósł w ładne mieszkanko i niezłą bryczkę. Kupił sklepik na Pradze. Gdy my zakładaliśmy rodziny, mozolnie zdobywaliśmy meblościanki, dywany firmy Kowary i kolejne talony na malucha, Marek był ustawiony. Wypożyczalnia hulała, sklepik poszedł pod wynajem, kaska ciekła milutko – można było wrócić do samochodzików. Znów poszedł jeździć jako pilot.

– Wiesz, Gocha – mówił, zaciągając się papierosem – w zasadzie kierowca to mięso. To ja mu mówię, jak ma jechać! Bez pilota kierowca by się zesrał...

Czułam, że jest w tym cień prawdy. Widziałam, jak szpanuje, jak to on jeździ, jakie laury zdobywa. Z czasem jednak jakby stanął w miejscu. Kobieta od niego odeszła, zabierając mieszkanie i wypożyczalnię. Machnął ręką – ma ten gest! Niech idzie, jak jej się nie podoba.

Mnie też by się nie podobało.

Zaczął pić. Palił zawsze, ale pił jakoś niezbyt ostentacyjnie, normalnie. Teraz już wiedzieliśmy, że ma z tym problem. Sklepik zarabiał na dobre trunki, a one wlewały się w ciało i duszę Marka szerokim strumieniem. Stara i chora matka zapłakiwała się. On w tym czasie spał w swoim pokoju, wstawał tylko na siku i kolejną porcję whisky, koniaku, wódeczki. Był spokojny. Nie awanturował się, nikomu nie ubliżał. Pił, spał i sikał – i tak potrafił tydzień. Później z bólem trzeźwiał ze trzy dni i... żył.

Znalazł pracę. Fajną. Został kamerzystą w agencji reklamowej. Nagadał prezesowi, jaki to on jest dobry w te klocki, i dostał robotę. Faktycznie, radził sobie dobrze. Zdolny! Kupił sobie jeepa, wydziergał tatuaże, wdział drogie kowbojki i jeździł na zdjęcia, bo na rajdy – już nie. Z rajdami – koniec. Wiedzieliśmy, dlaczego.

Z Markiem nie umieliśmy gadać szczerze o tym jego piciu, ale z czasem ja się odważyłam. To była przykra rozmowa. Marek dał całą wstecz: jakie picie?! On nad wszystkim panuje, a pije jak każdy!

Mijały lata. Przestał być kamerzystą. Raz drżały mu łapy, innym razem spadł ze schodów z kamerą. Miał potężnego kaca i szef się wściekł. Gdy któregoś dnia zadzwoniła jego matka, że jest bardzo źle – skończyło się pogotowiem i kroplówką. Dał się przekonać, że ma problem. Nie dał sobie wmówić, że mógłby sam stanąć za ladą w sklepiku na Pradze. Jak dla niego, to byłaby potwarz. On w sklepiku?! Były rajdowiec? Kamerzysta? No nie! Co innego zaakceptować alkoholizm. Tym bardziej że kilku jego kumpli było, podobnie jak on, uzależnionych. O jednym krążyła legenda, że jak go rzuciła kobieta – poszedł na metę, wręczył babie furę szmalu i powiedział, żeby go docuciła, jak to przepije. Uczciwie docuciła go po kilku miesiącach...

Marek dał się wysłać na turnus z odwykiem. Niejeden raz. Dorywcze prace już nie karmiły, jak przywykł, ale jakoś kombinował i stale miał na nowe gadżety – na telefony, na motocykl. Wkrótce też poznał śliczną pannę i ożenił się. Córeczka urodziła się podobna do niego.

Jego żona zadzwoniła kiedyś w biedzie – pokłócili się w Nowy Rok i on pojechał nad morze pić. Pod koniec lutego dał znać, że stracił władzę w nogach. Kolega przywiózł go do Warszawy. Na Sobieskiego orzeczono delirium. Leczenie trwało dwa miesiące...

Po kolei stracił żonę i córkę – odeszły. I mieszkanie – było za jej pieniądze. Mieszkanie po matce odebrano mu, bo nie płacił. Doszedł też przysłowiowy gwóźdź do trumny: odezwała się jakaś kobieta z jedenastoletnim synkiem, twierdząc, że to on jest ojcem. Nigdy z nim nie była, nie chodzili, nie romansowali. Marek, przejściowo, wynajmował u niej lokum. Straciła głowę dla rajdowca, okleiła sobie pokój jego zdjęciami i kiedyś, jak wrócił napity z imprezy, zaciągnęła go do łóżka. Podobno wtedy... Sąd nie spytał, czemu sobie przypomniała po jedenastu latach, a badania DNA – drogie, Marek nie miał kasy. Sądził zresztą, że jakoś się wywinie. Nie wywinął. Sąd wszedł mu na rentę, którą sobie wyrobił po incydencie na Sobieskiego.

Zniszczony i trzęsący się, wylądował w zastępczym mieszkaniu – kawalerce. Palił, spał, oglądał telewizję i jak miał za co – pił. Już wtedy bywało, że nie miał na jedzenie. Renta 560 zł, a połowę zabierał fundusz alimentacyjny. Po małym śledztwie byłej żony okazało się, że tamta za alimenty Marka fundowała dziecku lekcje gry na fortepianie.

– Jak dla mnie, Marian, ten kontrast jest trudny do zaakceptowania! On zdycha z głodu, a ona i jej syn żyją w dostatku, z Szopenem w tle.

– Pije.

– Prawda, ale co ma zrobić? Jak żyć za 230 zł miesięcznie? Jest inwalidą, nie dorobi sobie. Zresztą to strzęp człowieka.

– Ale sam sobie to wszystko uszykował! Adwokata nawet nie wziął na tę rozprawę – taki był pewny, że skoro nic go z babą nie łączyło, nie zasądzą mu tych alimentów!

– Zawsze taki był, nigdy nie posłuchał dobrej rady. Nigdy! – wściekałam się.

– Ale mu pomagałaś. Zawsze...

– Bo kiedyś obiecałam to jego matce. Przyjaźniłyśmy się. Byłam przy niej, jak umierała w szpitalu.

– A on?

– Był wtedy w domu. Zawsze darli koty, zresztą jego żona była wtedy w ciąży.

– Gocha, spójrz prawdzie w oczy, Marek zawsze szedł po linii najmniejszego oporu. Nie odbierał papierów z poczty, bo uważał, że wtedy problem przestanie istnieć – mieszkaniowy, sądowy... Każdy! Wszystko przepił, przesrał. Na własne życzenie! Mamy żyć za niego?

Siedzimy, milcząc. Ja i Marian. Jemu też żal Marka. Marek właśnie stracił swoje ostatnie lokum i wylądował w przytułku. Resztka człowieka.

Faktycznie, nigdy nie zrobił tak, jak mu się sugerowało, spaprał wszystko, co mógł. Najchętniej żyłby na cudzy koszt – obsługiwany, karmiony, bo najbardziej na świecie lubi leżeć i patrzeć w telewizję. I pić...

Jest naszym wyrzutem sumienia, smutnym wspomnieniem po Marku bon vivancie. Kiedyś latał wysoko jak Ikar, czasem ryzykował, szalał. Bywał miły, ludzki, lgnął do ciepełka. Marzył o rodzinie, miłości, chciał mieć dom z żoneczką, dzieciątkiem, paprotką, psem i kotem – jak my wszyscy, tylko kompletnie nie umiał tego realizować, zawsze wszystko robił wbrew logice. Na opak. Gdy kupił motocykl, zapowiedział, że to koniec chlania! Zarobił na skórzane ciuchy, bajerancki kask. Cieszyliśmy się – dobre i to, jakikolwiek cel, aby nie pić.

– No i na jak długo starczy mu motywacji? – sarkał Marian.

Dzisiaj córka nawet nie wie, jak on wygląda. Żyje z nowym ojcem, nowym bratem. Marek nie widział jej od ośmiu lat, bo i po co dzieciak ma oglądać ojca degenerata? O, mamo... Degenerat – powiedziałam to, nazwałam go degeneratem!

– Marian, można tak patrzeć, jak on ginie na naszych oczach?

– A co zrobisz? Odkąd zaczął się staczać, odtrącał każdą wędkę – wolał rybę. Najmądrzejszy z całej wsi. Stawałaś na głowie, pomagałaś, teraz dajesz mu forsę. Po co?

– Bywa głodny...

– Nie tłumacz mi, Gośka. Wiem, coś sobie kupi do żarcia. Albo do picia... Nie powstrzymasz go. Nie przeżyjesz życia za niego. Są tacy ludzie... Masz jeszcze tę nalewkę z pigwy?

– Mam, chcesz kieliszek?

– Nie. Chyba nie... Cześć, Gocha, polecę już. I nie martw się, taki lajf...

– Dobrze ci mówić!

– A ty w dowodzie masz miejsce urodzenia: Warszawa. Nie?

– A co?

– Nic, myślę czasem, że Kalkuta.

Przecież nie pomogłam mu. Ani Magda, ani Czarek, nikt z nas – jego przyjaciół. On sobie nie daje pomóc. Brnie w coraz węższy kanał życiowy, w otchłań, z której już nie ma powrotu. Jak Jacques Mayol z „Big Blue". On też wolał swoją przestrzeń, która w końcu go zabrała, niż zwyczajne życie.

Kulinaria dziś mi się nie komponują. Wybaczcie...

Strucla ziemniaczana

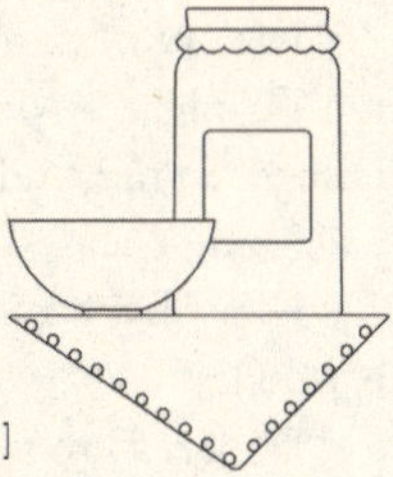

Składniki:
- Ciasto filo
- Masło
- Ziemniaki

Na niedzielny obiad, zamiast zwykłych l czy ziemniaków – cudo rodem z Chorwacji.

Nauczył mnie Piotr Bikont – sybaryta, jego oczarował tym Robert Makłowicz. Ja powtarzam za panami, bo wypróbowałam i aż achnęłam.

To chorwacka bieda potrawa a u mnie w domu – wykwint!

Potrzebne ciasto filo – to cieniusieńkie płateczki ciasta, jak na strudel. Ja je kupuję ale można się pobawić i rozwałkować zwykłe ciasto (mąka, woda, oliwa) jak najcieniej. To kupne ma gramaturę papieru kserograficznego, cieniuśkie jest jak-nie-wiem-co.

Potrzebny pędzelek i stopione masło.

Potrzebny farsz – w TYM wypadku to surowe ziemniaki pokrojone w zapałkę.

Ciasto delikatnie rozkładamy, tak aby płatki (nawet po 3, utworzyły prostokąt długi, na jakieś 50 cm. Kładziemy ziemniaki i rozsuwamy dłonią tak, by leżały równo niezbyt wysoka warstwą.

zawijamy to jak struclę. Zaciskamy końcówki i całość lekko masłem – raz jeszcze – po wierzchu.

Wkładamy do piekarnika na papier do pieczenia. Temperatura 180 – nie więcej, bo się z wierzchu zbyt spali a musi do środeczka dojść. Trzeba wyczuć. Strucle nie za grube.

Po upieczeniu kroje ostrym nożem na plastry i podaję do mięs albo SAMO – też znakomite z pomidorem w śmietanie, ogórkiem małosolnym... Kombinować trzeba samemu.

Zawijać można właściwie wszystko.

Kobieta w urzędzie, czyli niedostosowana jestem

Zacytuję tylko jako wstęp:

„...Podwładny powinien przed obliczem przełożonego mieć wygląd lichy i durnowaty, tak by swoim pojmowaniem istoty sprawy nie peszyć przełożonego". (Ukaz Cara Rosji Piotra I, 9 grudnia 1708 roku)

Hmm... W niektórych (szczególnie w US) do dziś aktualne...

ZAZDROSZCZĘ Żydom bogactwa języka. Jak oni potrafią źle życzyć!

– Obyś żył jak rzodkiewka – głową w ziemi!

– Oby cię parch oblazł i swędział nieludzko, a ty, żebyś miał za krótko obcięte paznokcie!

– By cię wszy oblazły i żebyś miał za krótkie ręce!

Nie miałam pojęcia, że sama kiedyś zacznę wymyślać własne.

Było tak.

Mimo że wiedziałam, iż mama kiedyś odejdzie, nie wiedziałam, że oprócz smutku i kiru potrzebna mi będzie cierpliwość i akt zgonu ojca.

Pojechałam do urzędu, kierowana przemiłą panią z zakładu pogrzebowego, która zrobiłaby za mnie dosłownie wszystko – tego jednego nie mogła, po akt zgonu taty, musiałam osobiście.

Dzielna jestem, to pojechałam!

Wiele miałam zajść „urzędowych" w tym roku, ale zdecydowanie pierwsze miejsce w tym tygodniu, miesiącu, roku – zajął Pewien Urząd Stanu Cywilnego.

Tam się udałam przez caluchną Warszawę, (bo mieszkam na samym końcu mojego miasteczka ledwo graniczącego z Warszawą – jakieś 30 km), żeby odebrać akt zgonu tatusia, który to zgon nastąpił 27 lat temu i to musi być czarno na białym mimo, iż Kancelaria Cmentarna ma to w komputerze – po prostu!

Ten akt, to żeby pochować mamusię, która zeszła 3 dni temu do tatusia. Nikt nie wierzy, że tatuś tam spoczywa – muszę udowodnić... Może sobie ktoś złośliwie wklepał do komputera i jeszcze w kwaterze narożnej dla jaj postawił grób? Papier jest papier! Jak tam napisane że: „zmarły" i pieczątka, to zmarły na amen!

OK.

Pojechałam, wioząc ze sobą gorączkę i katar.

Budynek jak inne, ale wewnątrz – dziwny...

Cisza i ani żywego urzędniczego ducha. Za to na parterze żywy całkiem portier, podaje mi znudzonym gestem świstek, że taki akt mogę w każdym urzędzie, w każdej dzielnicy...

Wściekła dzwonię do mojej dezinformatorki z Zakładu Pogrzebowego, która upewnia mnie, że niestety – sprawdziła, TYLKO tam, na Smyczkowej. Szlus!

Mijam portiera i wchodzę na piętro.

Pusto.

Wszyscy tu pracujący, jakby byli pracownikami CIA, siedzą w zaryglowanych pokojach. Nie ma żadnej informacji, nikogo, kto mógłby przemówić ludzkim głosem, skierować, powiedzieć, w które drzwi mam pukać, bo jest ich dwoje z napisem „Wydawanie aktów". Urzędnicy, którzy pracują na Smyczkowej, są chronieni niczym Dobro Narodowe, w pokojach bez dostępu. Z takiego, żeby wyjść, trzeba mieć na szyi taśmę, a na niej KARTĘ, co to ona zablokowuje albo odblokowuje pokój.

Zwykłe klucze i zamki typu Gerda, oddano już dawno do muzeum PRL-u.

W takim pokoju, sądzisz – skarby, klejnoty, tajemnice państwowe? Urządzenia elektroniczne najnowszej generacji?

No! Prawie...

4 biurka, 4 biurmanki, (dawniej mówiło się biuralistki, dziś niektórzy mówią biurwy – ot jaki język giętki!) paprotka, szklanki po herbacie (szklanki nie oddali do muzeum), stosy papierów i – UWAGA! – komputer.

Hall wielki i pusty. Żadnej tablicy, żeby powiesić wzrok, albo choć ogłoszenia – do którego pokoju mam...?

Nie ma też informacji w postaci. Żadnej w ogóle postaci biurowej nie ma.

Do sekretariatu nawet głowy nie wścibisz, bo też zamknięty na taki zamek elektroniczny.

Sobie pukaj! Do Szabasu, do urodzin, do wieczności.

Za to siedzą petenci, ale ich nie pytam, bo zapewne jak ja mało wiedzą.

Jedna pani mi powiedziała, że muszę pobrać numerek z maszyny-straszyny, żeby wiedzieć, że jestem za łysiejącym panem w koszuli w kratkę.

Maszyna istotnie stoi.

Wyrwałam numerek. I już wiem, za kim jestem! Za tym panem!

Druga pani mi powiedziała tonem znudzonym (widać bywalczyni!), że już od lat TUTAJ aktów zgonu się nie wydaje i wzruszyła ramionami tak, jakbym się pytała, kiedy miała ostatnio orgazm.

Poszłam dopytać portiera, na parter, ale on znów mi podał spis urzędów.

Potem poradził „pojechać na dzielnicę, w której się tatusiowi zmarło".

Zgłupiałam. Wyłuszczyłam (czemu portierowi?), że wiem na pewno, że to tu, tylko które drzwi?! Bo numerek wzięłam do A, ale są też drzwi B.

– One nieczynne są w ogóle! – oświecił mnie portier. – I mówiłem, tu aktów zgonu nie wydają!

Pani z zakładu pogrzebowego, do której zadzwoniłam na skargę, prawie płacząc w słuchawkę, poradziła zrobić awanturę. Awanturę?! Komu? Drzwiom?

Wróciłam do hallu i siadłam za panem w koszuli w kratę z numerkiem 630.

Przede mną było 3 osoby... OK!

Po czterdziestu minutach znałam każde odłupanie tynku na suficie, muchy na szybach i spoiny na podłodze. Policzyłam personel z tymi kartami-kluczami na szyjach, co wchodził i wychodził z pilnie strzeżonych pokoi. 12 sztuk... Z nudów zainteresowało mnie, co oni tu robią w ogóle?

Okazało się, że piszczą.

Za każdym razem jak się odblokowywały elektroniczne drzwi – piszczało i jak się blokowali z powrotem – też. Wyłazili z pokoi, piszcząc i wchodzili z powrotem, też z piskiem. Takim Uuuuuuiiiiiiii!

Łazienkę też mieli na to piszczenie. Na tę kartę elektroniczną.

Aż starach pomyśleć, co będzie, jak im siądzie prąd?

„Oby was wzięło na łazienkę i żeby… prąd wysiadł” – wymamrotałam żydowskie życzenie.

O! Jednemu panu urzędnikowi się coś źle zrobiło i wzbudził alarm! Nareszcie coś się działo!

Wyło, jak po włamaniu do samochodu, kolejka się obudziła na chwilę, ale ... na nikim to nie zrobiło wrażenia. Wyło jak na osiedlu – też coś! Przyszła sekretarka, co się w tym celu odblokowała ze swojego sekretariatu i pokazała fajtłapie, co skićkał. Obśmiała się i wróciła na wcześniej okupowany przylądek, czyli sekretariat. Niedostępny, bo zablokowany.

Wreszcie weszłam za moim numerkiem i wyłuszczyłam prośbę.

Pani bez słowa dała mi blankiet do wypełnienia. Nie wystarczy moja prośba wyrażona paszczą, blankiet, jest blankiet!

Potem dała karteczkę i uśmiechnęła się mile.

– Proszę uiścić opłatę 22 złote.

Sięgnęłam do torebki, ale pani była szybsza.

– Ale nie tu!

– A gdzie? – spytałam ją, ogłupiała, bo przecież wiem, że tu wszystkie drzwi poblokowane.

– Na poczcie! (wiedziałam!)

– Jest tu gdzieś? – rozejrzałam się, mając na myśli jakieś okienko, filię. Taki wielki hall, to mógłby tu stać taki punkt, kantorek znaczy, i pani ajentka pobierałaby ode mnie 22 złote za kartkę, że tatuś dwadzieścia lat temu zmarł.

– Na sąsiedniej ulicy poczta jest! – poinformowała mnie pani.

Nawet Żydzi nie dysponują takimi przekleństwami i życzeniami, jakie ulęgły się w mojej głowie.

Matko polonistko! Byłabyś ze mnie dumna! Mój umysł i nerwy generowały potoki wulgarnych, wściekłych życzeń...

Mamy XXI wiek! Elektronicznie blokujące się i piszczące drzwi, a ja nie mogę netem zamówić tego aktu, mimo komputeryzacji tak powszechnej jak ongiś nacjonalizacja!

To jest absolutnie niemożliwe. Nie! No! Niet! Niente! Nada!

Powlokłam się na pocztę, kupując po drodze chusteczki (katar) i wodę (gorączka). Sklepu z bronią nie było żadnego. Zresztą, nie mam pozwolenia.

Na poczcie zwyczajowy tłum. Osiedlowa poczta, ludzie opłacają wszystko, co mają do opłacenia. Nie można tego załatwić stałymi zleceniami bankowymi ani żadnym innym sposobem, poczta kocha swoich petentów i musimy ją odwiedzać, bo inaczej poczuje się samotna i porzucona.

Muszę pobrać numerek z maszyny-straszyny. Rrrrrr. 443. Olewam to. Wiem, że i tak muszę. Na wyświetlaczu 430...

Muszę (z nudów) wysłuchać, jak pani (starsza zapewne od węgla), tłumaczy pani z okienka, że ona wpłaca 30 złotych z emeryturki na Polską Akcję Humanitarną i dobrze wypełniła blankiet! Jednak pani jej udowadnia, że źle i teraz razem go wypełnią... 20 minut.

Czy ja na pewno lubię starsze, wrażliwe panie???

Wracam z poczty i biorę numerek. Siadam. Jestem trzecia. Uff.

Wreszcie wychodzę, z Urzędu, mając w ręku świstek za 22 złote, że tatuś mój przestał żyć lata temu. Potrzebuję to mieć na piśmie, (wycieram nos – ach! ten katar), bo mam takie durne życzenie, żeby Mu dorzucić zmarłą mamusię. Ale fanaberia! Tak mnie odbierają urzędnicy, którym, cholera po trzykroć – przeszkadzam!

Elektronicznie zamykane drzwi – droga zabawka – po, co? Żeby z nudów łazili i wzbudzali alarm? Czy do urzędników wpadała, co dzień banda wymuszająca kanapki?! Dlaczego muszą być elektronicznie pozamykani?

Po co im komputery?

One im są głównie do stawiania pasjansa i czytania Wyborczej w wersji elektro, a tym młodszym, do kicania po portalu Pudelek.

– No ale przecież jak mają wystawić taki akt? Komputerem? – dziwi się starsza pani. – Muszą wypisać na maszynie!

– Tak, komputerem – oświecam ją i opowiadam, jak to się powinno załatwić elektronicznie – mail albo telefon, płatność SMS-em albo z karty (lub przy odbiorze...), a ja tylko wpadam tu, odebrać to opieczątkowane cudo w okienku, bo ono tam na mnie już czeka.... Tak powinno być.

– To tak można? – pani się dziwi.

– W świecie tak – u nas kupiła im pani komputery (z pani podatków) i te tam, zabawki, co im dyndają na szyjach do zabawy blokadą drzwi i gówno pani z tego ma.

Wracając do samochodu, przypomniałam sobie jeszcze jedno żydowskie życzenie:

– Obyś miał sto pałaców, w każdym z nich sto pięter, a na każdym sto pokoi! W każdym sto łóżek! I żeby cię cholera ciskała z jednego do drugiego i żebyś zdechnąć nie mógł!

Dodam od siebie:

...a do każdych drzwi, żebyś miał elektroniczny, piszczący zamek!

Co? Mariana nie ma? Wyjechali z Magdą do rodziny. Nie, nie na pogrzeb. Tak to się tylko w felietonach komponuje.

Przepis...? Jaki by tu...?

O, w sam raz na stypę!

Babeczki z pasztetem na gorąco

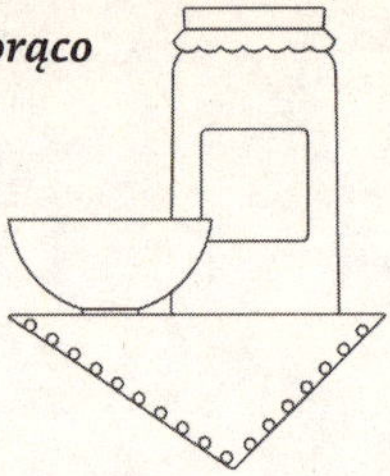

Składniki:
- Mąka
- Jajka
- Proszek do pieczenia
- Cukier
- Sól
- Śmietana albo jogurt
- Mięso drobiowe
- Wątróbka
- Gałka muszkatołowa, majeranek, pieprz
- Czerwone wino
- Masło

Zagnieść kruche ciasto. (Każdy ma jakiś swój przepis). Na pewno mąka i jajka. I masło koniecznie zimne i przesiekane z tą mąką. Jajka – różnie, najczęściej kilka żółtek, ale są panie, które dają jeszcze żółtko ugotowane, przetarte... Białek nie. Proszek (odrobina), cukier (słodkawe ma być!) i sól (nie za słone ma być!), i śmietana albo jogurt.

Po przesiekaniu ledwo zagnieść, i do lodówki.

Mięso najlepiej z drobiu typu kaczka lub gęś udusić na miękko, dodać zmiksowaną, uduszoną osobno wątróbkę, ciut startej gałki muszkatołowej, ciut majeranku i pieprz. Zmiksować albo przekręcić przez maszynkę. Przesmażyć na „mokro” ze zrumieniona cebulką, odrobiną czerwonego wina, aż odparuje i pasztet będzie bardzo gęsty.

Upiec krótko blade babeczki, nadziać je pasztetem posmarować ciepłym masłem i zapiec.

Do wódeczki za zmarłego – jak znalazł, a na stargane nerwy polecam „Humor żydowski”.

Adam Słodowy, czyli co kupić na rocznicę?

Pewien budowlaniec wyraził swe zdanie, że kobieta inwestor to najgorsze, co może mu się przytrafić.

Urwał się z choinki?! Urządzanie domu to w większości nasza sprawa, pań domu – więc siłą rzeczy zaczynamy wchodzić w tematy śrubek, lamp, belek, tapet, karniszy listew... Gdy planujemy, budujemy dom – podobnie – zazwyczaj to kobiety są inwestorkami, mają wiele do powiedzenia – mężowie zarabiają w pocie czoła, mówiąc: „Kochanie, zajmij się tym, ja mam spotkanie" „Kotku, nie wiem, gdzie ma być druga łazienka, a w ogóle... to potrzebna nam?".

Jeżeli więc pan budowlaniec nadal będzie stroił fochy, zamiast współpracować – szybko skończy na kardiologii.

Czasy się zmieniły – pora się dostosować!

JEST w Polsce taka postać – pan Adam Słodowy. Niekwestionowany idol sprzed lat, dla wielu pokoleń Polaków, i piszę to bez jakiejkolwiek kpiny – postać kultowa. Pokazywał w telewizji wszystko to, co czyniło z mężczyzny jednostkę użyteczną w rodzinie. Gdy tatuś nie douczył synka albo w szkole na ZPT nie było w programie majsterkowania, bo uczono np. gotowania zupy czy siekania sałatki jarzynowej, a chłopcy, jak wiadomo, za tym w większości nie przepadali, śnili po nocach o pilnikach-zdzierakach, wiertarce udarowej czy pile tarczowej. Nie każdy się rodzi z umiejętnością wbijania gwoździ czy reperowania żelazka, nie każdy miał smykałkę, możliwość nauczenia się, a tu, w dorosłym życiu kran trzeba naprawić, haczyk wkręcić, szafkę kuchenną naprawić i zawiesić karnisz. Pan Adam wiedział to wszystko – jak zrobić i jak nie zrujnować przy tym domu, własnego zdrowia i nie narazić się na kpiny żony. Jego program „Zrób to sam" – był ogromnie popularny i lubiany.

Naonczas nie było specjalistycznych sklepów (naprawdę!) ze sprzętem dla majsterkowicza. W GS-ach można było kupić gwoździe, młotek i farbę olejną (4 odcienie z białą włącznie), w Składnicy Harcerskiej można było kupić na metry gumę kauczukową... (doskonała do skakania „w gumę") i lutownicę! Bywała także... sklejka!

Pan Adam pokazywał nie tylko, jak założyć zamek w drzwiach i pomalować okno. Gdy zakończył cykl podstawowy „Robótki domowe", przeszedł do cyklu, który nazwałabym dzisiaj „Mc Gyver – to Ty". Jak zrobić samemu rolety przeciwsłoneczne, klatkę dla kanarka, parasolkę czy praktyczny stojaczek na sprzęt biurowy. Pomagał mu w tym miesięcznik „Młody Technik".

A dzisiaj? Dzisiaj pan Adam jest sobie przemiłym emerytem, a rzeczywistość zmieniła się nie do poznania. Mężczyźni i kobiety zainteresowani dłubaniem, przerabianiem, kombinowaniem etc. mają pole do popisu! Prym wiodą kobiety, bo to my stale w domu coś zmieniamy i mamy frajdę, od kiedy pojawiły się u nas wielkopowierzchniowe „sklepy dla majsterkowiczów", znaczy właśnie z takimi różnymi zabawkami. Przepraszam! Narzędziami. Od maleńkiej miarki-metrówki z poziomicą w postaci breloczka do kluczy, aż po wielką betoniarkę na 750 i więcej litrów pojemności zasypowej (!) i mieszalniki planetarne (??), które faktycznie wyglądają jak kapsuły lądowników księżycowych.

To już nie ten wiek, gdy cement mieszało się w drewnianym korycie zbitym z desek, gmerając w nim gracką do gracowania ogródka, a cegły wznosiło się na plecach w tzw. koziołku. Na dziale narzędzi budowlanych kupuje się maleńki jak zabawka podnośniczek elektryczny, który wciąga na określoną przez linkę wysokość zgrabnie zapakowane cegły – fiuuuuut! I już! O, tak! Zbudować dom, to teraz małe miki!

Widziałam na placu tego sklepu materiały budowlane – ile cegieł! Od białych, przez żółte i czerwone. Od małych, zgrabnych cegłówek, do sporych płyt wielofunkcyjnych Y-cośtam, z których dom się składa jak z klocków lego, aż po dachówki we wszystkich kolorach tęczy i z materiałów, od papy – po ciężkie, ceramiczne karpiówki. Jo... jak powiedziałby Krtek.

A na dziale obok, mnóstwo różnych, specjalistycznych rękawic, żeby sobie łapek nie pokaleczyć, nie otrzeć, nie pobrudzić. W odzieżowych sklepach takiego wyboru nie ma! Od cieniutkich gumowych, z lateksu, a jak kto ma uczulenie, to, proszę, silikonowe są, gdybyśmy na przykład chcieli sobie po amatorsku wyciąć wyrostek czy co... przez różne gumowane z wyściółką lub bez, ochronnych bardzo do prac z chemikaliami i wilgocią, bawełniane z zabezpieczeniami do prac z czymś, co może uszkodzić skórę (z 5 różnych rodzajów), skórzane, wielkie jak dla spawaczy (i pewnie do tego służące) aż po śliczne, z brązowej miękkiej skórki à la Chanel – jak czytam zdumiona z etykietki: „do pielęgnacji róż i innych krzewów kolczastych"... Łał!

A na tym samym dziale ogrodniczym – ile łopat, szpadli, szufli, grabi zwykłych, do siana, do liści, do cholery! Węże kolorowe jak tęcza do polewania kwiatków półcalowe, trzyczwarte cala i calowe, i z otworami do autopodlewania i systemy nawadniania podziemnego... A już tych fintifluszków – złączek, końcówek, przejściówek – jak w sklepie z guzikami – mrowie! Po przemarszu przez dział ogrodniczy – stanowczo ogarnia mnie chęć bycia zapalonym ogrodnikiem! Zgodnie z chińskim porzekadłem (wersja męska):

– *Chcesz być szczęśliwy przez chwilę? – Upij się!*
– *Chcesz być szczęśliwy przez kilka lat? – Ożeń się!*
– *Chcesz być szczęśliwy przez całe życie? – Zostań ogrodnikiem!*

No i nie wiem – budowlańcem czy ogrodnikiem? A może posadzkarzem? Jakie posadzki! Ach! Jakie listwy wykańczające! O! A tam płytki do kuchni i łazienek – no nie! Tam to dopiero jest co oglądać, od białych, jak do smutnego kibla z PRL-u, po złocone za głową meduzy – najnowszy trynd z Paryża, i z hiperrealistycznymi kwiatami, i .... z możliwością zrobienia sobie na tych płytkach, w łazience autoportretu na płytkach w skali 1:1 – na przykład aktu swojego lub męża i za ...naście lat jak znalazł, żeby używać zamiast lustra, gdy ono stanie się zjadliwie szczere! :-)

Co za technika! Posadzki samopoziomujące (?) niezwykłe zaprawy klejowe sprawią, że nawet fajtłapa da radę bez Pana Majstra. Właściwie trzeba tylko rozrobić taką posadzkę czy zaprawę mieszalnikiem i płytki to już się same położą, z separatorami do fug wszelkich rozmiarów lub (najnowszy trend) bez!

Uwielbiam te sklepy!

Bardziej od sklepów z ciuchami, w których senne ekspedientki – dziewczątka wiotkie na moje pytanie: „Czy dostanę tę bluzeczkę w rozmiarze 42?" odpowiadają z politowaniem i poczuciem wyższości: „Nie, u nas są tylko rozmiary MŁODZIEŻOWE". Moja córka swego czasu sprowadziła taką lalkę do pionu pytając, czy widziała kiedyś nastolatki z nadwagą od buł z McDonalda i chipsów? W rozmiarze 54? Dzieci o rozmiarach orki, nażarte snickersami i colą, które chcą się jednak ubierać młodzieżowo i modnie? No! – pomyślałam jak Nikodem, dumna z mojej obrończyni, ale... Ja już nie lubię sklepów z ciuchami. Nie niszczę ich, mam ich wystarczająco, więc łażenie między wieszakami mnie kompletnie nie rajcuje.

O, co innego narzędzia!

Pamiętam, gdy prowadziłam jako inwestor, budowę dużego ośrodka na Mazurach (28 ha). Przyszedł październik i zbliżała się nasza 20. rocznica ślubu. Na pytanie męża, o czym marzę, odpowiedziałam zgodnie z prawdą, że...widziałam w Japonii taką cuuuudną, śliczną kopareczkę na gąsienicach, z wymiennymi łyżkami i małym spychem! Ach, marzenie!

I co? I dostałam! Kupił mi w necie, używaną co prawda, ale gdyby w antykwariacie czy w serwisie aukcyjnym kupił mi pierścionek z dużym brylantem, to zapewne też byłby używany – nie? A pierścionkiem to ja bym (jako inwestor oczywiście) tylu rowów nie wykopała, co wtedy – tą mikrą kopareczką wyglądającą jak zabawka. Zdecydowanie wolę sklepy z narzędziami – poziomicami laserowymi, ręczną, glebogryzareczką wielkości sporej łopaty, wkrętakiem, co się zagina i jeszcze ma lampeczkę do świecenia w ciemnym kącie itp. I nikt tu – dosłownie nikt, nie prycha, że to nie mój kolor czy rozmiar, a panowie z obsługi zazwyczaj kompetentni i mili.

Niedługo znów zacznę być bywalczynią tych sklepów. Buduję się! Już mam za sobą etap planowania i projekt. Na razie na mojej działce rośnie śnieg... Ale jak tylko wiosna go stopi, wkroczy ekipa budowlana.

Już się cieszę na myśl o tym, jak mi krew żywiej popłynie, gdy pojadę po piłę łańcuchową – spalinową, fleksę, wiertarkę z udarem itp. Jak będę grymasiła sobie do woli, wybierając cegły, dachówki, sztachety do ogrodzenia, farby, rynny i kominy. Jak zwariuję z radości, paradując po sklepie i poszukując terakoty, wanny, kibelka, kranu i lustra. W garażu mój partner zacznie urządzać swój warsztat, bo jest inżynierem z umiejętnościami, jak Pan Adam. Ja co prawda odżegnywałam się od ogrodów po tym, jak straciłam swój mazurski majątek, ale jak mówi mój przyjaciel – „Gośka, jak cię znam, pójdziesz do pierwszego sklepu ogrodniczego po trutkę na myszy, a załadujesz całą pakę swojej półciężarówki zielskiem i krzakami i dopiero się zacznie!"

No... chyba ma rację. Marzy mi się kolekcja berberysów, wielka ściana złotej pęcherznicy pod lasem, blisko domu peonie i malwy, zioła do kuchni i krzewy zimozielone, dalej drzewka owocowe, wielki orzech szary, żeby jak parasol się rozpostarł i kosmosy, i marcinki, które jesienią rozweselają świat!

A jak już wyniosą się budowlańcy i zacznę organizować ten ogród, to mam nadzieję, że na naszą rocznicę, czy jakieś urodziny, kupimy sobie... samojezdny ciągniczek – ze spychem do śniegu, glebogryzarką i kosiarką – bo ogród spory. I sądzę, że ten mój mężczyzna będzie koleżeński i da się nim przejechać, choć kilka razy!

Kulinarnie – jako ten pan Adam!

Co zrobić, gdy się jest w kraju, w którym śledzi solonych brak?

Wybrać się na ryby, czyli targ rybny, ostatecznie dział z rybami w sklepie.

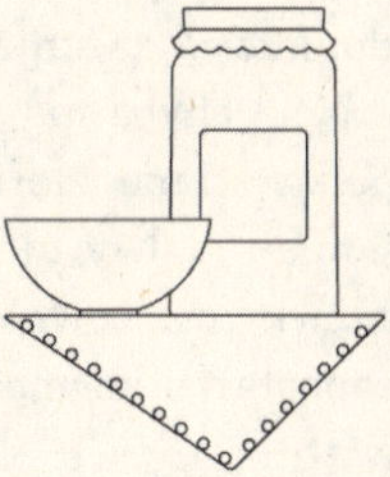

Składniki:

- Ryby
- Mirin lub mleko
- Ocet
- Sól
- Cebula
- Olej
- Kolendra

Wybrać rybę o zbitym, ciemnawym mięsie. Duże makrelowate są bardzo OK. Sama makrela atlantycka – mniej. O! Czasem leżą po prostu śledzie lub śledziopodobne! Ryby o białym lekkim, „wodnistym" mięsie nadają się gorzej. Właściwie wcale się nie nadają.

Rybę sprawić i gdy czuć ją tranem, tym „morskim" zapachem zanadto – zabejcować na noc mirinem. Mirin to słodkawy alkohol z ryżu – znakomicie usuwający zbyt rybny zapach z ryb (składnik marynaty teryaki). Jeżeli nie ma mirinu, może być mleko. Teraz, po tym marynowaniu (wystarczy kilka godzin, noc), osuszyć rybę i skropić octem na kilka godzin (3–5) i posolić.

Wypłukać po occie, osuszyć i porządnie zasolić morską grubą solą, na minimum dwie doby. Po tym czasie opłukać z soli i spróbować ciutkę, czy nie za słona, jeśli tak – odmoczyć w wodzie. Teraz już można zwyczajnie – z cebulką i olejem zrobić śledzia po naszemu. Ja dodaje odrobinę zmielonej kolendry (nasion) – znakomicie robi takiemu śledziowi!

I już!

Pollywood

Czasy PRL. Na ulicach mają prawo być widoczni Inwalidzi Wojenni. Oni – tak – tracili zdrowie dla nas, ale już dalej się nie posuwamy, nie budujemy tak, żeby niepełnosprawni mogli też korzystać, bo nie ma czegoś takiego w radosnym PRL-u. „Zdrowy trzon narodu!" – to my! Irytujące, bo przecież nieprawdziwe.

Latami udawaliśmy, że nie ma niepełnosprawnych, narkomanów, alkoholików i itp. Dzisiaj znów to samo tylko na innym tle – lakierowana rzeczywistość majstrująca nam w głowach – tęczowe obrazki serwowane przez media, sztuczny świat sprawnych, chudych i pięknych.

A życie sobie. Niewidomi muzycy wzruszają nas do łez, biegają w maratonach, pokręceni skarlali chorym ciałem naukowcy na wózkach, znają wszechświat jak własną kieszeń i tłumaczą nam ją – jak dzieciom, bezręcy i beznodzy sportowcy zadziwiają sprawnością, ale w mediach w naszym życiu – nie ma dla nich miejsca poza rubryką – „sensacja". Co za idiotyzm!

PIĘKNIE jest.

Piękno w czystej postaci trzymam w dłoniach. Kolorowe, poczytne, grube, pełne wystudiowanych zdjęć na lakierowanym papierze. Postacie w środku też wystudiowane, piękne. Nawet śledź po nowobogacku jest piękny. Comiesięczna porcja piękna dla zapracowanych kobiet.

Według zachodniego wydawnictwa karmiącego Polki słodką papką, świat za kilka złotych podany w papierowej formie musi Polce pokazać samo wysublimowane piękno. Bo, jak sądzi zachodni wydawca – Ona – Polka, Niemka, Dunka – słowem kobieta, tego chce i oczekuje.

Badania robią i stąd wiedzą, że kobiety nie wyrosły z wieku przedszkolnego i stale są spragnione bajek, lalek Barbie i waty cukrowej, w formie słownej.

Artykuły są wyważone i niby-mądre. „*Krzycz, gdy się boisz. Nie hamuj swoich uczuć*". Tak? Gdy na ulicy widzę grupę troglodytów zaczepiających kogoś albo zachowujących się agresywnie, boję się. Mam krzyczeć? OK. Troglodyci zabiją mnie albo zelżą (zależnie od poziomu agresji i piwa we krwi), ale o tym piękne czasopismo już nie napisze. Bo to jest fe.

„*Nie znudź mu się nigdy*" – zaleca pani seksuolog, radząc, co zrobić, żeby mąż stale drżał na mój widok. Ręce opadają, nie zacytuję. Żenada.

Piękna pani aktorka albo pan aktor, polityk (zależnie od fantazji redakcji) pręży się na zdjęciu, pokazując swój wdzięk i czar. To nic, że ostatnio głośno o jej/jego potknięciach, że ktoś cyknął jej/jemu fotkę do mniej pięknego czasopisma, na której widać zmęczenie nocną balangą, a nadmiar alkoholu rozmazuje makijaż na pooranej, wymiętej problemami twarzy.

Rozmawiałam z panią redaktor takiego pisma o felietonie, reportażu o fenomenie żon inwalidów. Że to piękne i mądre kobiety, kochające uszkodzonych facetów bezwarunkowo, i to są dobre związki z miłością i szacunkiem, a w drugą stronę to jakoś nie działa...

Zapaliła się i oddzwoniła, że... Jej pryncypał się nie zgodził. Bo jak to? Piękne czasopismo ma pisać o kalekich mężczyznach?! To niezgodne z ogólną linią i aspiracjami.

– O, miłości! – upomniałam ją. – O naprawdę fascynującej miłości i fascynujących facetach! Niektórzy z nich to mistrzowie w siatkówce...!

– Wiem – przerwała mi. – Mam z tym problem. Chciałam napisać o kobietach, które zabiły w obronie własnej i muszą siedzieć za to. Nie puścili.

– Co, brzydkie i nie pasuje do obowiązującego lukru?

– Nie pasuje, ale wiesz, oni mi dobrze płacą, więc rozumiesz.

Gdy przeczytałam kolejny słodkawy tekst o singlizmie, szurnęłam piękne czasopismo wprost w otwarte okno, w łopiany.

– Gośka! – usłyszałam.

Marian. Stał za płotem i chciał podnieść mi moje upadłe czasopismo, ale leżało za nisko. Sztachety mu przeszkadzały.

– Wypadło ci.

– Nie, Marian. Szurnęłam i spadło. Niech leży, cholera jasna! Myślałam, że skoro tak napompowane gazem rozweselającym, samo pofrunie!

– Oooo! Widzę ostry poziom wkurzenia! Magda też to ma, jak gdzieś to lakierowane cudo dorwie. U fryzjerki albo dentysty.

– To nie ja jedna jestem w odwrocie czytelniczym?

– No jasne! U Magdy w pracy żadna normalna kobieta tego nie kupuje. To już taka moda się zrobiła. Nie kupują, nie czytają. Bojkot tzw. „kobiecej prasy lukrowanej". Napisały list w tej sprawie, że co to jest, do licha, żeby epatować normalnie żyjące kobiety ciuchami i kosmetykami za tysiące złotych, to im odpisali, ale nie na łamach – oczywiście, że taki jest trend i można sobie to, co oni proponują, substytuować taniej. Wtedy dopiero się wściekły.

– Nie dziwię się. Poczułabym się jak odprawiona gosposia. Tak nas traktują. A wy, co?

– Kto, znaczy?

– No, mężczyźni?

– My nie mamy takich problemów, bo żaden wydawca nas nie traktuje jak durnowatych gęsi z ilorazem poniżej 70!

– A „Playboy", „CKM", „Gentleman"? Też lakier i miód!

– No tak, ale my to wiemy i kupujemy jako landrynę. Ładne kobitki, humorek, pieprzny artykulik, ale i wiadomości o gadżetach, bryczkach i z giełdy. Ja się nie zamartwiam po przeczytaniu, że mam nadwagę, zmarchy, nie czuję się gorszy od Pierce'a Brosnana, nie cierpię, że nie mam torebki od Prady, i że moja Magda nie wygląda jak lalka z rozkładówki.

– No, coś ty? To, czemu oglądacie te gołe laski?

– Bo ładne są i tyle. Nie daj Boże taką mieć!

– ...bo?

– Gocha, popatrz na mnie. Mam pięćdziesiątkę na karku, zakola jak Zatoka Pucka, brzusia się dorobiłem i o, żylaki mam! Pensja owszem, ale bym dla takiej lali nie nastarczył! Poza tym czy ona upiecze mi taką szarlotkę jak Magda? Pomyzia po łysinie, gdy siedzę nad bilansem firmy po nocy? Poda cieplejszą piżamę, jak zimna noc idzie? A jak się przytuli tak całą sobą, to i pieca nie odpalamy. Gorąca jest! Po dwudziestu pięciu latach!

Marian pokiwał głową, a w oczach miał miód z masłem na wspomnienie swojej Magdy.

– Gocha, olej to! Nie kupuj! Nie wkurzaj się. To nie twoja bajka. Mądrzejsza jesteś niż całe to czasopisemko, niż cały ten wystudiowany wirtual w debilnych serialach. Zbojkotuj jak ja – zdrowsza będziesz. Kupuj sobie „Man's Health". Pooglądaj ładnych meniów, jakbyś oglądała rzeźbę Dawida.

Patrzę na Mariana.

Ma rację. Nie dać się zwariować. Przypomina mi się walka w redakcji telewizyjnej o jedną z postaci serialu, do którego pisałam scenariusz.

Facet miał być w założeniu niemy. Przystojny, fajny, młody człowiek. Niemy – bo tacy są obok nas! Jak kulawi i niewidomi.

Widziałam taką grupę młodzieży na ulicy. Migali ze sobą, zaśmiewali się i byli fantastyczni. Piękni. Są teraz znakomicie „prowadzeni" przez psychologów, logopedów, pedagogów, dzięki czemu są otwarci, mądrzy, odważni i tylko... Świat o tym nie wie, bo w telewizji usłyszałam, że „*Nie będziemy epatować widzów kalectwem*".

– Proszę? – wybałuszyłam oczy – A... „Dzieci gorszego boga?" jako film, jako sztuka teatralna właśnie o tym, że...

– Daj spokój – usłyszałam – Jesteśmy Telewizją Aspirującą i pokazujemy ludziom lepszy świat!

Nie można było tego wyrazić już mniej poprawnie politycznie, mniej po ludzku. Po „nieludzku". Lepszy?! Czyli ktoś z uszkodzonym słuchem jest gorszy? Nie pokazujemy go (jak w PRL-u), bo pokazujemy lakierowany świat?

Chwilę później zaczął się na jednej z „aspirujących" stacji nowy serial polski. Zawiązanie akcji na Maderze, żeby ściągnąć widza przesłodkim krajobrazem z palmami i cudnym morzem (bo w Polsce są brzydkie – krajobrazy i morze), z aktorami najprzystojniejszymi, ubranymi w drogie ciuchy, grającymi młodych ludzi zarabiających krocie, mieszkających w wypasionych willach, jeżdżących ekstra brykami z bajki. Odrealnione to na maksa, plastikowe, straszne. Bjutiful. Pollywood.

Redaktorek palant zaraz mnie usadził, pytając:

– To co, uważa pani, że mamy kręcić smutny serial o bezrobociu na Śląsku i pokazać brzydkich ludzi, którzy nawet o zęby nie dbają, nie mają pracy?

Nie ciągnęłam rozmowy.

Przeginanie w ekstrema, to poziom zidiociałych polityków. Pożegnałam się wściekła, że w ogóle otworzyłam dziób.

Niech sobie emitują, kręcą, wydają słodką papę dla debili. Właściwie debilek. Mężczyźni mają dystans. Nie znam żadnego, któryby taki serial oglądał albo kartkował i studiował piękne czasopismo z cieniem zainteresowania.

Można przecież nie kupować, nie oglądać tych pollywoodzkich produktów zalewających nam oczy i mózgi za słodkim syropem.

Czym innym produkcje hinduskie, serwowane nam, jak za słodkie bajaderki, a czym innym rodzimi redaktorzy poddani praniu mózgu przez zachodniego wydawcę, podający nam kroplówką, dożylnie – lepszy świat jako antidotum na kiepską politykę, złą gospodarkę, całkowity upadek służby zdrowia, na ledwo egzystująca kulturę na żałosnym zasiłku.

Nie znaczy to, że nie chcę czasopism z modą i nowinkami ze świata kosmetyki, że nie chcę mądrych porad i miłych felietonów, ale jak mawia Marian za panem hrabią Fredro:

– Znaj proporcją, mocium panie!

Ufff. Jakby przeszło trochę.

Piękne czasopismo podniosłam z łopianów i położyłam na zewnętrznej ławeczce – niech je sobie weźmie ktoś potrzebujący tego cukru pudru.

Sama wzięłam się za mopa, bo to dobrze robi na nerwy, skoki adrenaliny i na podłogę działa liftingująco (z nabłyszczaczem woskowym!).

– Goś-ka! – zagrzmiało za oknem.

To Marian. Wraca z bazaru i podaje mi siatę pełną małych ogóreczków, cebulki i marchwi.

– Co to? Nie zamawiałam przecież!

– Korniszonki. Wyślę ci mejlem przepis. Magda przywiozła z gór od kuzynki. Delicje takie, słodko kwaśne! Zaraz ci mdłości po tym cukrze – lukrze przejdą, a zimą, te ogóreczki do niezdrowej wieprzowiny – w sam raz! Wracaj z Pollywood, do reala!

I wróciłam! Z mocnym postanowieniem, że nie będę kupować i oglądać produktów dla półmózgów, szkoda moich nerw. Kasę przeznaczę na przetwory. Marian mnie zaraża coraz to nowymi pomysłami.

Oni, Marian i Magda, zamiast siedzieć wieczorami i oglądać, czytać głupoty – całe lato „przetworują". Te ich wymysły są upragnionym prezentem i każdy z nas – ich znajomych liczy, że na imieniny, urodziny, rocznicę, Marianowie przyniosą koszyczek z kilkoma ichnimi cudeńkami w słoikach. Wśród nich – zawsze litr przecieru pomidorowego, bo Marian specem od pomidorówki wszak jest! Zacukrzone śliwki w occie – tajemnica Magdy, kiszone ogórki chrupiące – tajemnica Mariana, grzybki, pikle...

Racja, Marian!

Zamiast „aspirującej telewizji", czasopism z lakierowaną, bajkową rzeczywistością obrobioną w Photoshopie, seriali żenująco odstających od życia – życie towarzyskie, prawdziwe, realne. Wspólne pitraszenie, rozmowy – mądre i dowcipne, karmiące nasze mózgi nowymi treściami, zmuszające do wyrażania własnych myśli. Czytanie tego, co wzbogaca, śmieszy i bawi, ale poruszając przy tym zwoje, które karmione li tylko Pollywoodem, wyprostowałyby się i zamieniły w bezwolne, szare kluchy formowane przez zachodniego wydawcę, któremu się wydaje, że kobietę tak właśnie traktować trzeba – słodką, odurniającą papką.

– Feministyczny artykuł ci wyszedł – powiedział Marian, znany z wyhamowanego stosunku do feministek.

– Oooodczep się. Jednak kupują, oglądają... Żenada.

– Większość babek, jednak ma dystans, jak my faceci. I wiesz, co? Czosnek dodaj, obrany, ale ten nasz ostry – polski, wtedy te pikle będą smaczniejsze. Skąd wziąć, Gośka świeże oliwki? Byłoby jeszcze bardziej...

– Pikantnie?

– No. Bo ja słodyczy nie lubię. – Marian uśmiechnął się porozumiewawczo. – Wolę pikantne kawałki!

Pikle do niezdrowych mięs tłustych

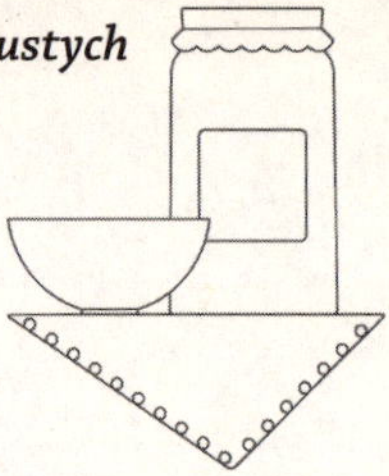

Składniki:
- Korniszonki
- Czosnek
- Cebula
- Marchew
- Cukier
- Miód
- Sól
- Ocet
- Marchew

To się robi latem:

Korniszonki, czosnek, cebulkę maleńką i marchew w plasterkach (oj, świeżych oliwek by...) włożyć do czystych słoiczków.

Zalewę ugotować z wody, cukru, łyżki miodu, octu i soli taką, żeby była wystarczająco słodka, słona i kwaśna na twój język. Pamiętaj, że „wejdzie" w pikle! Osłabnie – znaczy.

Ja dodaję liść laurowy, Marian – nie. Marian robi to bardziej po hiszpańsku – woda, sól, trochę cukru i octu. Woli pikle w solance, a ja daję ten miód i więcej octu winnego.

W wodzie gotuję marchew kilka minut, żeby nie była twarda. Potem dodaję ocet i resztę. Słoików już nie zagotowuję tylko stawiam do góry dnem. Zassą się.

Przyjemnie się to robi razem. Z kimś, kto też nie lubi słodkiego wirtualu.

„Wspólne kucharzenie" – znakomity pomysł na letnie i jesienne wieczory.

W piątek wpadną Marian z Magdą robić dynie.

Przygotowane do lekcji?

Nie ma takiej możliwości, żeby zatrzymać czas.

Każdy z nas od plemniczka i jajeczka po grobową deskę – musi przejść wszystkie etapy życia. Kiedyś to było normalne dla każdego, że tak jest, a dzisiaj młódź hodowana jest w dziwacznym przeświadczeniu, że tylko młode, zdrowe i piękne ma prawa.

Oj, dzieci, dzieci!

Umysł starzeje się znacznie wolniej niż ciało. Co więcej – dopiero dojrzały – zaczyna żyć pełnią życia.

Dlatego to piękny czas – jesień życia i doprawdy warto korzystać z niego pełnymi garściami. Oczywiście można zgnuśnieć w wieku dwudziestu lat, ale po co?

CÓRKA Mariana już na poważnie zaręczona! Z prawdziwym pierścionkiem, z bukietem róż od kandydata dla mamy, z flakonem szlachetnego trunku dla Mariana.

– Pięknie było, ci mówię!

Marian opowiadał o tym wydarzeniu i oko mu się szkliło.

Domyślam się, bo to jest taka chwila w życiu ojca, mamy, że się serce kołysze. Dziecko przechodzi kolejną metamorfozę i zamienia się w dorośląka z partnerem/ką u boku. Wiem, bo to równie wzruszający moment, gdy syn przyjechał do nas ze swoją dziewczyną i oboje pokazali na jej palcu pierścionek. Usłyszałam:

– Mamo, tato... Poprosiłem Izę o rękę!

Przychodzi ten czas nieuchronnie, bo właśnie po to wychowujemy dzieci.

Chyba jednak nie wszyscy o tym pamiętamy. Mężczyźni jakoś rozsądniej myślą o nieuchronnym odejściu potomstwa w świat, ale my kobiety – mamuśki, czasem zachowujemy się doprawdy idiotycznie – nie pozwalając dziecku odejść. I chyba nie tylko matczyna miłość tu jest przyczyną (może rozhuśtujemy ją zanadto, zapominając, że dziecko chowamy dla świata – nie dla siebie!), ale też paniczny lek przed pustką.

Taka spanikowana matka niechętnie poznaje dziewczynę syneczka (problem dotyczy obu płci, więc raz będę pisała o synku, raz o córce – OK?), niechętnie też słyszy o ślubie. Jakoś przy tym przełyka narzeczeństwo, zaręczyny (gdy młodzi jeszcze pamiętają, że ta forma zachowania istnieje i ma społeczną akceptację). Zaręczyny – tak! Matka syna spokojna, że nie będzie synuś skakał z kwiatka na kwiatek, narażając zdrowie, mama panny spokojna o to, że jest kandydat. Jako narzeczonym łatwiej jest im razem wyjeżdżać i mieszkać.

Przychodzi jednak moment, gdy pada ten komunikat: „Mamo, tato – żenię się”.

Oj, znam takie mamcie, które muszą wtedy do kuchni po nervosol albo relanium…

Niby wiedziały, że coś takiego musi nastąpić, ale zaraz zaczyna się negocjowanie: „ale TERAZ?”. Nie możecie jeszcze poczekać?

To już znak, że nie jesteśmy przygotowane do lekcji!

Bywają naturalnie formy skrajne. U obojga rodziców chorobliwa fobia, alergia na wszelkie próby odejścia dziecka z partnerem. Zazdrosna chorobliwie matka zohydza synowi narzeczoną jak może. Gdy to nie pomaga – stroi się w kolorowe piórka i próbuje udowodnić mu, że panna nie zadba o niego należycie, nie umie gotować i że mamusia wszystko o synku wie najlepiej. Panna już się czuje paskudnie w takim domu i już, biedna, ma problem z nienawistną świekrą.

Bywa i w drugą stronę.

Zakochany w swojej córeczce tatuś (bardziej niż norma przewiduje) dramatycznie nie cierpi stałego narzeczonego, przeżywa męki pańskie na samą myśl, że ów dotyka jego Małej Królewny, że, nie daj Boże, ją całuje, a może i współżyją?! Często towarzyszy temu całkowita impotencja wobec żony i powściągana agresja wobec chłopaka córki. To chora reakcja, wymaga psychoterapii, ale są i takie!

W normalnych rodzinach jednak jakoś to się przechodzi wspólnie. Po weselu zaczynają się zwykłe dni, ale gdy młodzi się całkiem usamodzielniają, zaczyna się dramat nazywany syndromem pustego gniazda.

Panowie ojcowie jeszcze jako tako sobie z tym radzą. Mają jakieś hobby, więc w warsztacie albo w kuchni reperują starą sokowirówkę, albo czyszczą do glancu gaźnik, cicho rozładowując stres. Kanapę mają całą dla siebie podczas meczu, zresztą zapraszają równie osamotnionego sąsiada. Otwierają kolejne piwo bez wysłuchiwania uwag o tym, jak to demoralizują dziecko, bo dziecka już nie ma.

Taaaak. Ojcowie jakoś to znoszą.

My, matki, głupiejemy czasem do granic zdrowego rozsądku.

Przede wszystkim koniecznie trzeba im wozić jedzenie, bo przecież poumierają z głodu! Synowa NA PEWNO nie potrafi niczego ugotować, a córka – po co ma się biedna męczyć? Targamy gary przez pół miasta, nakazując mężowi sobie towarzyszyć, bo gary z gołąbkami (nikt takich nie robi jak mamusia!) ciężkie jak wiadro węgla.

Na próby męża: „Jadziu, daj spokój, poradzą sobie..." mąż odbiera El Niñio wścieklicy. „Poradzą?! Naturalnie CIEBIE to nie obchodzi, że będą jeść zupki z papierka, jakąś pizzę, bo ty jesteś nieczuły i się nie znasz".

Chłop się zamyka, zarabiając na zawał... No, bo co ma robić?

Potrafimy zadręczać dziecko (dorosłe i pracujące) nawałnicą telefonów.

A to, czy dobrze spał, a czy ma ciepłe skarpety na sobie, bo zapowiadali burzę. Czy opłacił gaz i prąd, bo to trzeba regularnie! Czy pamięta o imieninach cioci Zosi, bo ona tak go lubi? Aha!... i że jest jakieś awizo: „Wpadniesz po nie – prawda? Jak to, nie dziś? Nie?! A to szkoda...". I zazwyczaj: „Jadłeś coś ciepłego wczoraj? Czy ONA ci gotuje?".

Znam takie, które wymusiły na dziecku klucze do mieszkania młodych (nieasertywni młodzi są) i jeżdżą im sprzątać, prać i gotować, uważając to za normalne! Potrafią z rozpędu wpaść w sobotę rano i zastając dzieciaki w łóżku, warknąć: „Nie przeszkadzajcie sobie! Mamusia wam tylko ogarnie pokój i wstawi pranie!", a po półgodzinie house commando nauka: „No wstawajcie, ile można się wylegiwać?".

Wspomniany ojciec Małej Królewny za to w ogóle nie akceptuje jej zamążpójścia i nie chodzi do córki z zięciem w ogóle. Nie odzywa się, karząc w ten sposób córkę za zdradę. Chore zranienie pielęgnuje zaciekle i długo, czasem do śmierci.

To skrajności, ale coś wiele ich. Wystarczy popatrzeć, co się dzieje, gdy przychodzi na świat wnuczek. Matki młodych są absolutnie gotowe wprowadzić się do dzieci, „bo przecież sobie nie poradzą".

Moja niegdysiejsza sąsiadka, matka kumpla z podwórka, który się ożenił, wyprowadził i właśnie „odziecił", przyszła do mojej mamy z płaczem, obrażona na synową:

– Pani Mario! To ja pojechałam tam do nich z koszulą nocną, wie pani, zostać na noc, bo dzieciak po szpitalu, a synowa dała mi herbatki, ciasta i wieczorem mówi: „Jurek, odwieź mamusię do domu!". Synowe to takie niewdzięcznice są! Córka – to co innego!.

Jakie było jej zdumienie, gdy moja mama powiedziała jej:

– Wie pani, gdy Małgosia urodziła, to my z mężem (mieszkaliśmy z rodzicami) napatrzyliśmy się na wnuka i... pojechaliśmy na dwa tygodnie do Grecji, żeby młodzi się oswoili z dzieckiem i nową sytuacją sami.

Prawda! Moja kochana mama rzekła mi po powrocie: „Małgoś, ja już niewiele pamiętam, co się robi z maluchem, jesteś matką – mów mi, w czym ci pomóc i już".

Niestety, to mniejszość, bo zazwyczaj świeża babcia wie wszystko sto razy lepiej i nie daje młodej mamie stać się mamą, wyrywając jej z rąk wszystko, nawet dziecko.

Potrafimy tak upupić te nasze dzieci, że powoli zamieniamy ich sympatię do nas w totalne zniecierpliwienie, później w niechęć i wreszcie mamy powód do narzekań, jakie to dzieci (zięć czy synowa) są niewdzięczne i podłe!

Kochane, to totalne nieprzygotowanie do lekcji!

Nic się nie stanie, gdy zjedzą zupkę z papierka, zamówią pizzę czy zjedzą kanapki szósty dzień z rzędu. Jak zachce im się rosołku – kupią sobie książkę kucharską, nauczą się gotować, podobnie z resztą ich spraw. Pozwól im, mateczko, na dojrzewanie samodzielne do roli męża, żony, rodzica i daj im spokój!

Zajmij się sobą i zapomnianym być może mężem, którego przestawiasz z kąta w kąt jak starą żardinierę, traktujesz jak bagażowego na dworcu albo bankomat.

Teraz macie czas dla siebie i należy się do tego przygotować, zanim dzieci dorosną.

Trzeba we dwoje snuć plany na czas, gdy dzieci nas w sposób NATURALNY opuszczą. Nie mają takiego obowiązku, żeby się nami zajmować i umilać nam życie! Sprawmy, żeby zamiast jęczeć: „Ojej, dziś chyba przyjdzie mama z barszczem", zatęsknili za nim i zaprosili się na niedzielny obiad sami z własnej woli. Dajmy im czas na samotność we dwoje, nawet gdy mają w domu tylko Smaczny Kubek i słone paluszki. To ich wymarzony okres – BEZ NAS!

My w tym czasie miejmy już projekty wykonawcze do marzeń snutych wcześniej.

Bo trzeba mieć marzenia! Na ten czas, gdy znów będziemy z mężem (albo same – różnie bywa) tylko sami. Jest sporo możliwości – Kluby Trzeciego Wieku, Uniwersytety Trzeciego Wieku, studia zaoczne (a czemu nie?) kursy tanga, wodny aerobik czy Wiśniewscy, z którymi świetnie się czujemy i doskonale spędzamy czas. Kursy tkactwa czy decoupage'u w pobliskim Domu Kultury? Wycieczki w Bieszczady, kinomania, języki obce. Do wyboru!

Mamy przed sobą kawał życia, w którym naturalnie jakieś miejsce zajmuje świeżo nabyta hipertensja (kiedyś mówiło się „nadciśnienie", ale dziś się mówi hipertensja – to trendy!), żylaki, kamica, nadkwasota czy prostata, ale oprócz zdrowia mamy resztę życia, które może nam jeszcze sprawić masę radości.

Mężowi też będzie miło, gdy zaczniemy bardziej o niego dbać, może dzięki temu i on przypomni sobie, jak lubiłyśmy kwiaty i walca? Gdy nie wygasła miłość, trzeba na te dojrzalsze lata dołożyć do pieca. Ocieplić kontakt, przytulać się częściej.

Nic tak nie umila starości jak ktoś bliski i kochany – ktoś, kto (jak mówi moja koleżanka) poda szklankę z zębami, dłoń na schodach, da buziaka na noc.

Dorosłe dzieci niechaj sobie żyją zdrowo lub nie, zdobywając samodzielnie to, co koniecznie chcemy im wcisnąć na siłę – doświadczenie. Tym rzadziej do nas przychodzą, dzwonią, im bardziej jesteśmy namolni. Pozwólmy im zatęsknić.

A gdy samotność aż boli?

Odświeżmy urwane więzy rodzinne, lekko zaniedbane przyjaźnie, zgłośmy się do wolontariatu, a może też znajdzie się jakaś miłość?

Moja samotna znajoma (65+) owdowiała lata temu i wnuk nauczył ją obsługi komputera. Na portalu szkolnym odnowiła znajomości i trafiła na kolegę z harcerstwa – wdowca czy też rozwiedzionego. Tak im się miło gadało w realu i wirtualu! „I, co?" – dopytywałam znajomą, bo widziałam jakieś iskierki w oczach. „I... – zaczęła z pąsem na twarzy – ...jesteśmy w ostrym romansie od pół roku!" – szepnęła wesoło.

Wspaniale! Jak miło patrzeć na uśmiechniętą damę, już nie samotną na spacerach i w kinie, zadowoloną i szczęśliwą. Gdy jest potrzebna – zajmuje się wnuczką, a gdy ma wolne – żyje SWOIM ciekawym i spełnionym życiem.

Prawda, że mądrze?

Stwórzmy sobie marzenia, plany na lata, gdy odfruną dzieci. Samo nic się nie stanie, a one niech za nami tęsknią i dzwonią z pytaniem: „Mamo, no kiedy zrobisz nam rosół?".

Zdrowa kolacyjka we dwoje

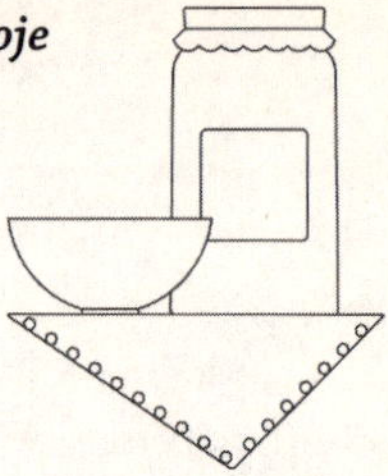

Składniki:
- Awokado
- Cebula
- Koperek
- Łosoś
- Cytryna

Wybierzmy dość miękkie awokado.

Ono ma wspaniałe tłuszcze „wymiatające" zły cholesterol itp.

Umyjmy dokładnie.

Podzielmy owoc na pół, wyjmijmy pestkę i łyżeczką maślany miąższ.

Skorupki niech czekają. Miąższ posiekajmy ostrym nożem wraz z cebulką, koperkiem i na przykład wędzonym łososiem. Napełnijmy skorupki i ubierzmy krążkiem cytryny.

To zdrowa odrobina luksusu na romantyczną kolację z zapomnianym już lekko mężem. Może doda nam blasku świeca i kieliszek wina (na trawienie)?